图书馆与阅读推广

仇冬强 著

内蒙古文化出版社

图书在版编目（CIP）数据

图书馆与阅读推广 / 仇冬强著 . -- 呼伦贝尔 : 内
蒙古文化出版社 , 2025. 5. -- ISBN 978-7-5521-2675-4

Ⅰ . G252.17

中国国家版本馆 CIP 数据核字第 2025VQ1720 号

图书馆与阅读推广
TUSHUGUAN YU YUEDU TUIGUANG

仇冬强　著

责任编辑　谢兰兰
封面设计　鸿儒文轩·末末美书

出版发行　内蒙古文化出版社
地　　址　呼伦贝尔市海拉尔区河东新春街4－3号
直销热线　0470－8241422　　邮编　021008

印刷装订　三河市华东印刷有限公司
开　　本　710mm×1000mm　1/16
字　　数　205千
印　　张　15.5
版　　次　2025年5月第1版
印　　次　2025年5月第1次印刷
书　　号　ISBN 978-7-5521-2675-4
定　　价　68.00元

前　言

　　从原始人通过岩画记录生活开始，人类已有了上万年的阅读史。在这漫长的旅途中，阅读促进了人类智力的不断开发和人类文明的不断发展。到今天，阅读已不仅仅是为了实现获取信息和知识这样单一的目的，它早已成为构建人与人之间精神连接的渠道，成为培养逻辑思维和批判性思维的工具，成为提高专注力和耐心的手段，成为促进心理成长和情感发展的武器，成为建立正确价值观和人生观的方法……

　　由于阅读对于人类进步有着如此广泛而深远的意义，因此，现代社会对推广阅读给予了越来越多的重视。在推广阅读的过程中，这项工作对于人类的重要意义也逐渐明晰了起来。人们意识到，它的作用不仅涉及个人成长，还关乎社会进步、文化传承、经济发展等多个层面。

　　通过阅读推广，人们可以系统性地接触到各类知识，还可以丰富视野、拓宽思维、增强自身的知识储备。通过阅读推广，尤其是推广阅读社会、历史、法律等方面的书籍，人们能够更好地理解社会的运行规则和公共责任，从而增强自身作为公民的责任感。而推广阅读经典文学、伦理学等著作，能够帮助人们培养同理心、正义感和道德观，使社会整体素养得以提升，促进社会的和谐和文明。通过阅读推广，人与人之间增进了交流和互动，形成了共同的阅读体验和价值观，在知识上产生了共鸣，进而增强了社会的凝聚力。通过阅读推广，劳动者的知识水平和专业素养得以提升，在工作中更具创新精神，进而推动了社会经济的快速发展。通过阅读推广，教育资源匮乏地区有了更多的知识获取途径，人们通过自学即可获得成长的机会，进而缩小了教育差距……

总之，阅读推广通过丰富多样的形式让阅读深入人心，使其成为个体与社会共同进步的动力。它帮助人们获取知识、舒缓情绪、增强理解、构建共同体，让阅读成为提升人类生活质量、推动社会全面发展的有效途径。

由于工作的原因，作者对图书馆在阅读推广中所能起到的作用特别关注。因此，本书除对阅读推广的意义和方法做了简要论述之外，还就有关图书馆的一些话题，以及图书馆如何在阅读推广中发挥其应有的作用做了一些研究和论述。不足之处，还希望广大读者和广大图书馆同仁批评、指正，提出宝贵的修改意见。

仇冬强

2024 年 11 月

CONTENTS **目 录**

一、阅读的力量

1. 人类阅读的主要内容

人类的阅读内容范围广泛，涵盖了从日常生活资讯到专业领域知识再到世界政经大事等多个方面，通常可以将其归纳为以下几类：

1.1 日常资讯

包括新闻、社交媒体内容、生活小贴士等等，这些内容能帮助人们了解社会动态、时事新闻、逸闻趣事和热门话题。

1.2 娱乐和爱好

主要包括小说、诗歌、短篇故事、散文等文学作品，以及娱乐杂志、漫画等等，它们满足的是人们对休闲娱乐的需求和个人的业余爱好。

1.3 教育和学习材料

包括教科书、学术论文、科普书籍和在线的课件等等，无论是学生还是专业人士抑或只是业余爱好者，都可以通过阅读教育和学习材料提升知识、技能储备和对事物的认知能力。

1.4 专业和技术文献

包括专业书籍、行业报告、专项研究报告、技术文档和标准规范等等，通常被用于帮助人们深入了解特定领域的相关知识，以提升其在该领域的专业水平。

1.5 实用指导、指南和参考

诸如操作手册、使用说明、法律法规、医疗指南等等，这些内容能为人们提供具体的操作或行为指导，帮助人们在日常生活和工作中解决相应的问题。

1.6 宗教和哲学经典

诸如圣经、佛经、古典哲学著作等等，它们可以帮助人们理解人生的意义、学习人类的价值观和道德伦理。

1.7 社交沟通内容

诸如信件、电子邮件、手机短信、PC 机和手机社交软件中的消息等等，这类内容是人与人之间交流的产物和媒介，贯穿在日常生活和工作之中。

1.8 视觉辅助信息

包括图表、可视化数据、信息图和信息展示等等，将信息转化为视觉形式，可以使复杂的信息简易化，并具备易识别性。

1.9 历史文献与文化经典

包括古籍、档案、传记、地方志和关于历史事件的记录等等，它们能帮助人们理解过去的文化和社会演变，提升人们对人类文明和民族传统等的理解。

1.10 关于心理健康与自我提升的相关内容

包括心理学书籍、自我成长指南、心灵鸡汤、冥想与情绪管理类书籍等等，这类内容关注情绪调节和个人成长，满足人们对幸福感和心理健康等的需求。

1.11 市场和经济报告

诸如投资指南、市场分析、经济趋势报告和公司财务报告等等，被用于为人们的投资活动提供决策支持，帮助人们在金融、商业和投资方面做出更为理性的判断和决策。

1.12 科学探索和创新报告

诸如科研成果、技术发明报告、实验报告、关于某种新发现的报告等等，专业人士或科技爱好者可以由此看到最前沿的科技和研究动态。

1.13 语言学习材料

包括字典、词典、语言课件、外语读物和双语对照材料等，是专门用来帮助人们提高外语能力和跨文化沟通技巧的资料。

1.14 关于健康和营养方面的内容

涵盖关于营养学、运动指南、健康生活方式等方面，甚至包括食谱和膳食指导等等，它们可以帮助人们养成健康的生活习惯，引导人们关注身体健康和饮食营养。

1.15 法律与政策文献

诸如法律条款、政策法规、法庭判决等等，帮助法律从业者及普通读者了解法律的应用，或帮助人们更好地保护自己的合法权益。

1.16 美学与艺术鉴赏

包括艺术作品分析、艺术史类书籍、画册和展览目录等等，它们提供的是对视觉艺术、音乐、舞蹈、戏剧等的欣赏、分析和评价，以此引导和培养人们的艺术审美能力。

1.17 跨学科知识

包括融合多学科内容的书籍或报告，例如科学哲学、科学史、环境伦理学等等，用以帮助人们从多个知识领域中找到彼此的联系，以使人们对宇宙和世界产生更多维和更全面的认知视角。

1.18 灵感与创意来源

包括创意写作集、设计灵感集、创新案例分析等等，这些内容为设计师、作家和创作者提供灵感，推动创意工作的发展。

1.19 旅行与冒险类内容

诸如旅行指南、冒险游记、地理杂志等等，用来帮助人们了解不同国家、地区的风土人情、地理景观和特色文化，满足人们探索未知的精神需求。

1.20 网络与数字文化

包括网络流行词、数字文化、虚拟社区和网络行为研究等等，人们由此会更加了解当代数字生活的内涵和互联网文化的独特现象。

2. 图书的概念和功能

图书通常指记录、承载和传播信息、知识或思想的出版物。当然，在古代尤其是印刷术还未发明的时期，大部分图书是未予刊印出版的。这主要是因为活字印刷术发明之前，刊印的图书每一页都要进行刻板，因此要想刊印一本书，消耗的人力和物力是巨大的，效率十分低下。活字印刷术发明之后，刊印效率大幅提升，也使得图书越来越广泛地融入了人们的生活当中。图书通过文字、符号、图片等形式来表达内容，是人类用来保存和传播文化、组织教育工作、展示科学技术研究成果和展示文学艺术、个人思想等的主要载体。具体来说，图书的概念和功能包含以下几个方面：

2.1 图书的物理形式

很长一段时间内，图书都是纸质的，包括封面、扉页、目录、正文、附录和页码等组成部分。随着科技的发展，又出现了电子书、音频书等多种数字形式。

2.2 图书的内容结构

图书一般具有系统性的内容结构，如章节、分段等，以便读者更有逻辑地理解和学习其中的内容。一本图书通常会围绕一个或多个主题，系统地展开论述或叙述。

2.3 对信息的承载与传递

图书的核心功能在于承载和传递信息、知识或思想。无论是学术研究、文学创作、知识普及，还是日常生活，人们都需要通过图书获取信息、丰富认知、提升能力。

2.4 具有文化和教育价值

图书是知识和文化的重要载体之一。通过图书，人类得以将知识代代相传，积累和传播智慧。因此，图书被认为是人类文明的象征之一，具有教育和文化传承的功能。

2.5 类型多样

图书种类繁多，包括文艺作品、教科书、科学文献、人物传记、参考书等等，每种类型都有其特定的功用和读者群体。近年来，随着数字出版业的发展，电子书、互动书籍等新形式的图书逐渐流行，图书的类型也随之得到了极大的丰富。

2.6 版权和出版

一本图书通常需要经过编写、编辑、校对、出版等流程后才能与读者见面。出版后，它便具有了明确的版权归属，用以保护作者的知识产权。同时，公开出版也确保了图书的质量和可信度，特别是学术和专业领域的图书。

当然，图书的概念和功能还可以从更多角度进行扩展，比如：

2.7 构建知识体系

图书不仅是信息的集合，更是有机构建的知识体系。一本图书的内容通常是经过深入研究、逻辑推演和系统归纳而得出的结果，这使读者能够有条理地掌握一个主题或一个领域的知识架构。

2.8 增进信息和知识传递的互动性与参与性

随着科技的发展，互动式图书和增强现实（AR）图书开始流行。这些图书不局限于传统的阅读形式，还通过互动的方式让读者"参与"到内容之中，以此增强他们的阅读体验和对于内容的接受能力。

2.9 记忆和记录的工具

从某种意义上讲，图书是人类记忆的延伸。通过图书，我们可以记录历史事件、个人思想、社会发展轨迹，保存知识与记忆，使未来的读者了解过去的世界、思想和文化。

2.10 社会变革的推动者

图书作为思想的载体，常在社会变革和思想启蒙过程中发挥重要的作用，例如《共产党宣言》《国富论》《论法的精神》等书籍，就曾在特定的历史背景下推动了人类思想的发展和社会的进步，成为推动历史进程的重要因素。

2.11 个体与社会连接的桥梁

通过图书，每一个个体可以与更广泛的社会、文化和思想体系建立联系。通过阅读图书，读者能够感知他人的生活和经历、思想和情感，超越时空限制，与不同地区、不同年代的人们产生思想的共鸣或互动，从而拓宽自己的眼界和精神世界。

2.12 心灵成长与情感交流的媒介

很多图书，特别是文学作品、哲学书籍和心理学读物等，不仅能够帮助人们获取知识，更为人们提供了精神支持和情感慰藉。例如，一些小说或散文通过描写主人公的人生境遇和情感波动，让在生活中有相同经历的读者感受到了理解、安慰和鼓励。

2.13 商业与经济的重要组成

图书出版业是全球经济活动的重要组成部分之一，涉及作者、编辑、出版社、发行商、书店、数字平台乃至政府等多个环节。图书不仅是一种文化商品，它同时促进了全球范围内的知识产权交易和文化产品流通。

2.14 语言艺术和表达艺术的集中体现

图书是语言艺术的最佳展现。在文学作品中，语言运用、叙述方式、修辞手法等都是艺术表达的重要形式。通过图书，读者不仅能欣赏人类语言之美，还能同时提高自身的语言表达能力和审美能力。

2.15 多学科融合的载体

一本图书所展现的内容并不一定仅限于单一领域，也可以是多学科知识的融合。例如，科幻小说不仅涉及文学，还包含科学、哲学、社会学等多方面内容。这样的书籍能帮助读者从多个角度思考问题，也能实现不同学科之间的交融。

2.16 社会知识共享的渠道

图书作为知识共享的重要渠道，通过出版、流通和借阅等方式，让知识在不同人群之间传播和共享，进而推动整个社会的知识积累和科学普及。

2.17 人类创造力和思维发展的驱动力

阅读图书不仅可以让人获得已有的知识，还能激发他们的创造力。许多创新思想、科学发明、文学创作灵感等都来源于阅读书籍，可以说图书是人类思维不断进步的源泉之一。

2.18 跨文化交流的工具

通过阅读不同国家、不同文化的图书，读者可以加深对其他文化的理解和包容。这对于促进国家和地区之间的跨文化交流，以及人们构建全球视野、增加人文精神尤为重要。

2.19 促进人们的个性化成长与发展

随着知识个性化需求的增加，图书也在向个性化方向发展。例如一些定制图书、特定领域的深度读物，可以帮助读者在个人兴趣和专业方向上进行深入探索，促进他们的个性化成长和发展。

总的来说，图书不仅是一种信息载体或文化商品，它还是人类智慧和创造力、人类思维和情感的集中体现，在社会、文化、心理和经济等多层面都具有深远的意义，深刻地影响着整个人类的进步和每个个体的成长。通过图书，人们获得知识、传播思想、激发思考、享受艺术，甚至产生情感共鸣。可以说，图书是人类文明得以传承和发展的最重要的工具。

3. 人类为什么需要阅读图书，通过阅读人们能够得到怎样的裨益

人类阅读图书的原因多种多样，阅读带来的裨益更是深远而广泛，这主要包括以下诸方面：

3.1 获取知识与信息

阅读图书是学习知识、获取信息的基本途径之一。通过阅读，人们能够掌握科学、历史、文化、技术等领域的知识，理解宇宙、世界的奥秘，掌握事物的发展规律。

阅读可以让人们了解学术界的最新发现、前沿成果和潜在趋势，从而与时代保持同步，并为个人的身心健康和职业发展打下坚实基础。

3.2 提升认知能力

阅读可以提高人们的逻辑思维能力、理解能力和分析判断能力。尤其是在阅读复杂的内容时，读者需要综合分析、推理演绎、归纳总结，这对大脑是一种深层次的锻炼。

通过阅读不同类型的图书，人们能够拓宽认知视野，提升对复杂问题的理解力，从而更好地应对生活和工作中的各种挑战。

3.3 促进心理成长和情感发展

许多图书通过叙述人物故事、描写内心情感和诠释人生哲理，让读者对生活有了更深的思考，也增强了他们的共情能力。这对于生活中人与人之间加深理解、建立良好的人际关系有很大帮助。

阅读心理学书籍、哲学著作以及自我成长类书籍可以帮助人们实现自我

反思，从而提升情绪管理、心理调节能力，使人们的心智更加成熟。

3.4 激发创造力和想象力

通过阅读科幻小说、文学作品或创新思维类书籍，人们可以进入作者所构建的虚拟世界或创新的思想领域，从而启发自己的创造性思维，提升想象力。

许多科学家、发明家和艺术家的创作灵感都来源于图书，通过阅读，普通读者同样可以吸收他人思想中的闪光点，从而激发出自己的创意和灵感。

3.5 积累语言和提升表达能力

阅读图书可以帮助人们提高语言表达能力和增强文字理解能力。通过阅读，不同年龄段的读者都能提升语言敏感度和语感，从而更准确、灵活地表达思想和情感。而且读者不仅能学会如何用词造句，还能领悟出不同作者的语言风格和表达技巧，这对于提升写作能力非常有益。

3.6 培养独立思考的意识和批判性思维

阅读能帮助人们形成独立思考，使之不再盲目接受信息，而是通过对所获信息的思考和分析，形成自己的观点。特别是涉及复杂问题和多元观点的图书，更能增强读者的批判性思维。通过批判性阅读，人们学会了如何辨别信息的真伪，从而不再轻易地被误导。通过批判性阅读，人们具备了理性思维，从而在信息爆炸的现代社会保持了独立思考的能力。

3.7 缓解压力，获得情感慰藉

阅读文学、散文、哲学等书籍，人们的精神可以得到放松，从而舒缓心理压力，暂时逃离生活的纷扰，获得情感上的慰藉。

这也就是说，这类作品能帮助人们获得内心的宁静，使其专注于当下的体验，带来类似冥想的效果，从而在一定程度上为其减少焦虑和不安。

3.8 了解多元文化，增强包容心

通过阅读有着不同民族或文化背景的图书，人们能够了解到多样的世界

观和价值观，增加对其他国家、地区、民族的人民的生活方式、历史和信仰的理解。阅读可以增强对多元文化的尊重和包容，有助于跨文化交流，拓宽人们的文化视野，使之更加理解和接受文化的多样性。

3.9 建立正确的价值观和人生观

许多经典文学、哲学著作、宗教书籍包含了深刻的人生观、价值观和道德观。通过阅读这些书籍，人们能够更进一步地认识自我，渐渐形成积极向上的人生观；还能够从不同角度思考人生的意义，树立道德信仰，促使自己成为更有责任心和同理心的个体。

3.10 促进社会进步与创新

阅读图书不仅能促进个人的成长，更能对社会进步产生深远影响。图书能将前人和当代人的思想、知识、技术传承下去，为后人提供启迪，从而推动人类文明不断进步。

通过阅读，知识能得到更广泛的传播，思想能更有效地进行交流，智慧能在最大程度上得到积累，这些正是科学、艺术、技术、文化等领域的创新与进步的前提和动力。

3.11 构建人与人之间的精神连接

在阅读同一部书籍或讨论某些经典作品的过程中，读者之间会产生共鸣，也可能相互辩论，而这也使人们建立起深层次的精神连接成为可能。尤其是在分享对某些图书的感受时，阅读可以成为人与人之间沟通的桥梁。因此，阅读不仅能让人们在书中与作者对话，还可以借此与他人进行交流，从而激发出更深刻的见解和情感共鸣。

3.12 构建个人记忆与历史联系

图书承载了对历史和文化的记忆，通过阅读，人们能够穿越时空，与过去的思想家、历史人物进行交流，从而在精神上与历史建立联系。

许多人物自传、历史书籍和地方志都可以帮助读者理解自己所处的时代，进而让人们从更广阔的历史视角审视当下，认识自己在历史长河中所处的位置。

3.13 提高专注力和耐心

在信息快速流通的时代，阅读书籍需要读者必须保持专注，而这无形中训练了他们长时间集中注意力的能力。阅读长篇内容尤其有助于培养耐心。阅读要求心无旁骛、细细品味，这种专注力不仅对读书有帮助，还能提升人们在日常生活和工作中的专注程度和耐心。这就是许多家长培养孩子阅读习惯的原因所在。

3.14 提升决策和问题解决能力

许多非虚构类图书针对某个具体问题提供了决策理论、案例分析和解决策略，因此通过阅读这类图书，人们可以学习他人的成功经验，规避失败教训，并且从中提炼出有效的分析、判断和决策方法。特别是在商业管理、心理学、经济学等领域的图书中，读者可以学习到如何在复杂情境中做出最优选择，从而培养起理性决策的能力。

3.15 培养全球视野与环保意识

环境类、国际关系类书籍不仅让读者关注本地问题、本国问题，还能让他们了解、关心全球性问题，如气候变化、生物多样性、资源分配等，这不仅能增强他们的社会责任感，还能让他们培养起保护地球、关爱自然的环境保护意识。

3.16 增强社会洞察力

通过阅读社会学、政治学和心理学书籍，人们可以更深入地理解社会结构、权力关系和群体行为等，从而增强对社会的洞察力。社会洞察力能帮助人们更客观地看待问题，更深层次地理解诸多社会现象的本质，从而提高对事物的判断力和对社会的适应力。

3.17 锻炼记忆力和延缓衰老

阅读本身是一种锻炼大脑的方式，理解、记忆、分析、反思等过程，能够增强大脑的记忆力、思维的敏捷性。

科学研究表明，阅读有助于保持大脑的活力和记忆力，延缓认知衰老，对预防老年痴呆有积极作用。

3.18 发展科学思维和培养质疑精神

科学类书籍中的实验介绍、逻辑推理、验证假设等内容可以培养人们的科学思维，使之学会从客观、理性的角度看待问题。科学类书籍还鼓励质疑精神，多阅读它们，人们在遇到复杂问题时就不会盲从，而是运用逻辑推理、科学论证和理性分析去探寻真相。

3.19 提升审美能力和欣赏力

文学、艺术、哲学类书籍可以提升人们的审美能力，让读者从文字、情感、意象中发现美。艺术类图书能帮助人们感知视觉艺术、音乐等的独特魅力，提升美学修养，进而增加生活的艺术性和情趣。

3.20 塑造自我身份认同

通过阅读人物传记、文化类书籍，人们可以更清晰地了解自己所在民族及其文化的历史与特质，加深对自身文化身份的理解，从而增强文化归属感和自我认同感。

个人发展类书籍能帮助读者认识自我、发现个人的内在价值、塑造独特的主体意识，进而实现个性化发展。

3.21 为探索未知世界提供途径

图书是人类打开未知领域的钥匙，它不仅能带领人们了解神秘的宇宙和大自然，还能引领他们探索复杂难懂的心理学和哲学世界，引导他们对未来和未知展开猜想。通过阅读关于探索未知的书籍，人们的求知欲和冒险精神会被大大激发，人类与生俱来的探索本能也得到了满足。

3.22 帮助确立个人信仰与哲学

哲学、宗教、伦理学类书籍能够让人们思考生存的意义、生命的本质，从而确立个人的信仰、价值观和人生哲学。这些书籍还能帮助人们在思考生命中的重大问题的过程中，找到面对困难和逆境的力量源泉，保持内心的宁静。

3.23 促进创新和突破传统

创新类书籍展示了突破传统的思维、打破常规模式的成功案例，其目的在于激励读者尝试创新，勇于突破现有局限。阅读这类书籍可以帮助人们打破思维定式，从而更以开放的心态拥抱新思想、新观念。

3.24 充实闲暇时光、提升生活品质

阅读能让人们在闲暇时刻充实自己，在充满信息噪声的世界中寻得片刻宁静。优质图书能使人们的生活更有品质，让他们的心情更加愉悦，精神更加充实、满足。

一言以蔽之，阅读图书不仅是获取知识的一种方式，还能为人类的思想、情感和文化搭建起交流的桥梁，更是培养与发展健全的心智、积极的情感、良好的道德、先进的社会意识的重要动力。通过阅读，人们可以丰富精神世界、实现自我完善，并在生活中不断成长，最终推动整个社会的进步。

4. 阅读纸质图书与阅读电子书的区别

阅读纸质图书和阅读电子书过程中，人们会有完全不同的体验，这两种阅读方式也各有优劣之处，以下是二者之间的主要区别：

4.1 阅读体验上的差异

从阅读体验上看，纸质书独有的物理形态，使得纸张的触感、翻页的感觉以及油墨的味道都会给读者带来一种别样的阅读享受，让人更容易沉浸其中。很多人认为纸质书带来的专注感更强，有助于他们更深入地理解阅读

内容。

电子书通常阅读起来更加便捷，更能适应个人的阅读习惯。例如手机或平板电脑等电子书载体均可以调整字体、字号和亮度等参数，从而保证读者在弱光线环境下也可以进行阅读，这大大降低了环境对阅读的限制。

4.2 便携性方面的差异

纸质图书具有一定的体积和重量，外出或长途旅行中大量携带十分不便。电子书的阅读设备一般相对轻便，而且只要内存允许，就可以大量存储，因此出行、通勤或旅行时使用电子书尤其方便，读者可以通过一部设备获得拥有书库般的体验。

4.3 注释与标注上的差异

纸质图书的读者可以在书的空白处做笔记、划重点，它们虽然查看方便，但可能无法整理和搜索。电子书可以轻松添加高亮标注和笔记，且这些标记可以快速查找和整理，一些平台还能同步云端，便于日后检索和复习。

4.4 对环境和健康影响上的差异

纸质图书适合长时间阅读，对视力的负面影响也较小。不过，长时间阅读需要保证光线充足、保持适当的阅读姿势和经常休息眼睛。

电子书设备的屏幕会发出蓝光，长时间阅读可能会造成眼疲劳、影响睡眠，但如今许多电子书设备已改进蓝光控制，并加入了护眼模式。电子墨水屏在视觉效果上更接近纸质书，对眼睛的负面影响较小。

4.5 对环境的影响及其持续性方面的差异

纸质图书的印刷需要使用纸张，长期大量印刷将对环境产生一定的负面影响。但纸张可降解或被循环利用，并不会带来环境污染。

电子书减少了纸张的使用，有助于保护森林资源，但电子设备的生产和淘汰会产生大量电子垃圾，电池、金属部件的处理对环境也有一定的负面影响。

4.6 制作成本上的差异

纸质图书的印刷、包装、运输成本较高，导致其价格会上浮，一些精装书、限量版书籍价格尤其高，长期或大量购买可能增加读者的经济负担。

电子书成本相对较低，不需要印刷和运输，因此它通常比纸质书价格更低，许多经典书籍或版权到期书籍还可以免费获取或低价阅读。

4.7 使用寿命与收藏价值方面的差异

纸质图书可以收藏、保存，并且具有一定的纪念意义，随着时间推移，它还能具备独特的历史和情感价值。纸质书的阅读通常不受限制，即使年代久远、书页破损，但依然可以阅读。

电子书依赖于电子设备和软件，因此随着设备升级或软件更新，一些电子书难免会被淘汰。此外，电子书没有实体收藏感，虽便于管理，但缺乏图书摆满书架所带来的视觉效果和情感体验。

4.8 多功能性上的差异

纸质图书的功能单一，仅用于阅读，因而干扰较少，能帮助读者保持专注。不过，在内容搜索、跨书标注和即时分享信息等方面，纸质图书还存在一定的困难。电子书则具备多种功能，如字典查询、链接跳转、图片放大、音频阅读等，这种多媒体学习方式尤其适合需要大量查阅或高效学习的读者。

4.9 互动和分享方面的差异

纸质图书更适合交流和赠送，可以通过签名、手写留言等方式，在人与人之间传递情感。但纸质书的分享多是一对一形式，无法同时与多人分享。电子书可以在线分享高亮部分、笔记、摘录等内容，有些平台还能实现阅读社交，如与好友同步阅读、相互评论等等，较适合喜欢社交互动的读者。

4.10 文化承载和情感价值方面的差异

纸质图书由于具有实体形态，可以用来收藏、纪念，对于许多读者来说更是具有独特的情感价值。书籍的装帧、封面设计、翻页声音等都为阅读带来了仪式感和体验感，许多人甚至将阅读纸质书视为一种传统和文化。电子书偏向实用和快捷，能满足即时、快速获取内容、信息的需求。不过，相比纸质书，电子书在收藏和情感价值上有着明显的不足。

4.11 信息保密与隐私保护方面的差异

纸质图书的阅读内容更具私密性，出版方不会自动收集和分析阅读数据，读者的偏好和阅读习惯不会被追踪。电子书通常会记录用户的阅读进度、习惯和偏好，以此优化推荐算法，提供个性化体验。但这也可能涉及隐私安全问题，部分读者可能会有隐私被公开的顾虑。

4.12 文化传承与代际传递上的差异

纸质图书具有传家的独特功能，许多家庭会珍藏祖辈的书籍或经典藏书，通过书本传递文化与知识，增添代际情感。电子书因其依赖于电子设备且数据不稳定，尽管能像纸质书一样跨越代际进行传递，但人与书之间的情感联结较弱，缺乏实物的纪念价值。

4.13 学习效率与记忆效果方面的差异

有研究表明，纸质图书更有助于提高对内容的理解程度和加深记忆。纸质图书可以通过翻页和定位，帮助读者绘制阅读内容的"地形图"，进而增强记忆效果，这种优势在复习备考时尤其明显。

电子书方便做标记、搜索和摘录，适合快速查阅和积累信息。不过，其自身的虚拟性会使之不便反复阅读、精细阅读，长时间阅读可能会影响对内容的理解和记忆。

4.14 阅读场景适宜性方面的差异

纸质图书适合在家中、图书馆、咖啡馆、户外等任何地方阅读，也适合

长时间沉浸式阅读，一般不会因场景问题而中断。

电子书适合地铁、公交等时间相对零散、随时可能中断的阅读场景，方便碎片化阅读，且不受光线影响，非常适合夜间阅读或旅行途中随手阅读。

4.15 内容的版权与使用限制上的差异

购买纸质图书后就拥有了被购买的实物，可以自由转卖、赠送，所有权十分清晰。纸质图书也不受出版社的限制，易于长期保存。

电子书多以许可形式存在，用户只拥有阅读权，使用时受限较多，无法自由借出或转让。部分平台的电子书即使读者已经购买，也须在有效期内登录指定平台后才能使用。

4.16 环境适应性与耐用性方面的差异

纸质图书相对耐用，但需要防火、防潮、防止外力破坏，保存条件较为苛刻，尤其是收藏级的图书，更需特别注意。

电子书设备能适应较多环境，但如果设备受损、低电或格式过时，同样可能导致阅读无法继续。此外，电子设备也较易损坏，且维修费用一般较高。

4.17 读者社群建立与线下交流方面的差异

纸质图书往往能吸引那些喜欢沉浸式阅读的群体，线下活动如书展、书店签售会、读书沙龙等活动为这类读者提供了互动交流的机会，让他们能借此分享阅读体验。电子书爱好者则更多通过网络社群、书评平台、电子书俱乐部等方式在线上交流阅读心得，这种分享更加即时，但缺少面对面的互动体验。

4.18 检索和内容管理能力上的差异

纸质图书在内容检索和查找方面较为不便，尤其当一本书内容较繁杂、页数较多的时候，从中查找特定信息较为费时费力。部分专业资料更是需要手动索引和标注，查找十分不便。电子书内置搜索功能，能迅速找到关键词或特定段落，极大提高了查找和回顾效率，特别适合快速查询和资料汇总。

4.19 多媒体整合能力上的差异

纸质图书的内容仅包含文字和图片等静态信息，视频、音频内容只能通过插入二维码等形式添加，查询浏览相对不便。许多电子书本身就具有多媒体功能，可嵌入视频、音频、动态图片，这会为读者带来更加多样的学习体验，也更适合学习语言、音乐和科技等需要互动的内容。

4.20 定制化阅读与个性推荐方面的差异

读者虽然可以根据个人需求购买不同类型、不同内容的纸质图书，但出版方并不会根据他们的个人喜好定制内容，也难以满足其在特定场景下的即时需求。电子书平台往往具备推荐算法的功能，可根据用户的阅读习惯推荐书籍，用户也可以按需订阅，获取推荐，以满足个性化的需求。

总而言之，阅读纸质图书和电子书各有其优劣。纸质图书带来的沉浸感、专注感和情感体验更强，适合深入阅读，还能满足读者的收藏需要。电子书则提供了便捷、快速和多功能的阅读方式，适合随身携带、信息搜索，并且更便于短时间内阅读大量书籍。根据阅读环境、个人需求和偏好，人们可以灵活地选择纸质图书或电子书，从而优化自己的阅读体验，提高阅读效率。

5. 视觉阅读与听觉阅读的区别

视觉阅读（即用眼睛阅读图书）和听觉阅读（即用耳朵听书）在理解内容和阅读体验、效果等诸多方面上存在较为显著的差异，以下简单举例：

5.1 信息接收方式的差异

视觉阅读通过眼睛接收文字，逐字、逐行阅读。视觉阅读通常允许读者控制阅读速度，可快速跳读、简单浏览或细读特定内容。

听觉阅读通过耳朵接收音频信息，通常由旁白或讲述者朗读文本。听书的速度由朗读速度决定，难以快速跳读或按需阅读。

5.2 专注力和记忆效果上的差异

由于眼睛的参与，视觉阅读通常需要更高的专注度，这无形中增强了记忆的效果。尤其在阅读复杂的内容或技术性资料时，视觉阅读有助于人们保持清晰的思维逻辑和对内容的整体认知。

由于音频的连续性，听觉阅读往往需要投入更多注意力去追随信息，在外部环境嘈杂或中断播放时容易造成分神。因此听书比较适合情节性、情感性强的内容，比如小说、诗歌、散文等，但对于技术性或逻辑性强的内容而言，它不利于读者理解、保留书中要传达的信息。

5.3 阅览速度与控制方面的差异

视觉阅读中，读者可以根据理解程度灵活调整阅读速度，快速浏览整本书或慢读重要内容，还可以在不懂的部分反复查看，有更高的自主控制性。

虽然有些听书应用允许调整播放速度，但总体来说听觉阅读不如视觉阅读自由。音频回放需要停顿、倒回或加速处理，灵活性较低，如果遇到需反复收听的复杂段落，更是会大大降低阅读效率。

5.4 阅读过程中的差异

视觉阅读需要眼睛和大脑的集中参与，读者阅读时必须保持专注，不能一心多用 。听觉阅读可以解放双手和眼睛，便于在散步、做家务、通勤等情况下进行，因此听书是碎片化学习的良好方式。

5.5 理解与分析能力上的差异

视觉阅读便于理解复杂的句式、逻辑关系和内容细节，有助于深入分析和批判性阅读。特别是长篇小说、技术文献、学术资料等，视觉阅读有利于对其内容进行精细解读。

听觉阅读的连续性特征使之更适合偏向叙述性的内容，如小说、访谈、故事等，不太适用于理解逻辑性强的内容，所以听书更适合获取大意而不是精细分析。

5.6 语言理解与欣赏方面的差异

视觉阅读中，读者可以将注意力停留在文字上，欣赏语言、句式、修辞技巧和细节描写，这会对提升语感和表达能力有所帮助。

听觉阅读中，朗读者的语言节奏、语调、情感表达赋予了语言独特的生命力，尤其是经过专业朗诵者朗读的作品，可以更好地呈现情感。因此，对于诗歌、戏剧等文学作品来讲，听觉阅读往往更具感染力和表现力。

5.7 信息吸收和保留上的差异

视觉阅读有助于构建思维空间，即大脑会通过文字在页面的布局来储存书中的具体内容。此外，图书的排版、结构、章节等视觉元素也可以帮助对阅读内容的理解和记忆。

听觉阅读缺乏视觉参照，信息吸收更多依赖听觉记忆，这可能使繁复的内容难以完全保留，甚至难以保留大部分内容。尤其对内容细节有要求的学习或备考而言，听书效果要逊色得多。

5.8 社交和情感体验上的差异

视觉阅读能为读者带来沉浸式的个人体验，更适合人们静下心来独自体会书中的情感和思想，在个人与文字之间建立一种对话关系。听觉阅读因为朗读者会根据内容调整情绪、语气，更容易激发情感共鸣。尤其是当朗读比较富有感染力时，听书更能提供有人陪伴的感觉，为读者带来一种温暖的情感交流。

5.9 场景适应性上的差异

视觉阅读需要相对安静、专注的环境，适合坐下来阅读，不适合在嘈杂或频繁移动的环境中进行。听觉阅读因无需视觉参与，更适合在交通工具、健身房、厨房等场合进行，范围更广泛，尤其适合繁忙生活中希望充分利用时间的读者。

5.10 学习类型的适用性方面的差异

视觉阅读有助于吸收复杂的信息，对于包括图像、表格和注释的图书来说，视觉阅读有着不可替代的地位。听觉阅读更能让人享受从声音中理解知识的乐趣，尤其适合喜欢故事性强、内容逻辑性较低的图书的读者。

5.11 情绪共鸣与情感参与上的差异

视觉阅读允许读者在文字上停留，自己解读文字所表达的情感，慢慢产生情绪共鸣。这种共鸣往往更加个性化，情感体验更加深刻、更加内敛。

听觉阅读的朗读者可以通过音量、语调、节奏、停顿来影响读者的情绪，更直接地传达情感。尤其在情节起伏大、情绪强烈的内容中，听觉阅读的情绪感染力更高，可以带来即时的共鸣效果。

5.12 阅读耐心与信息消化上的差异

视觉阅读需要读者拥有更多的耐心和自律能力，尤其是阅读较长的内容时，需要有意识地投入注意力，这些有助于培养持久的阅读习惯和深度思考的能力。

听觉阅读更符合现代生活的快节奏特征，但声音的连续流动性也容易让人被动地接受书中的内容。对没有养成深度阅读习惯的人而言，听书更符合他们的阅读需求，但有时会影响其对信息的深入理解。

5.13 创造力与想象力激发上的差异

视觉阅读中，文字的描述通常更抽象，读者必须通过想象和个人理解来建构画面。这种阅读方式能激发读者的想象力，使读者更主动地参与到故事或内容的构建中。

听觉阅读中，音频的语音、声效能更快让人进入情境，帮助他建立特定的画面和情境感。因此听觉阅读往往带有更强的引导性，但同时也将减少读者自行构建想象空间的机会。

5.14 学习效率与知识转化上的差异

视觉阅读，尤其是在阅读某些专业内容时，人们可以通过在书页中添加注释、摘录等方式理解和记忆知识，这些记录也便于日后回顾和参考。

听觉阅读可以更加高效地获取新信息，适合简单的信息输入。但由于声音的连贯性，缺乏记录和细化过程，内容在大脑中的转化率远不如视觉阅读。

5.15 阅读疲劳与舒适性方面的差异

长时间视觉阅读可能导致眼睛疲劳，尤其在光线不良或文字较小的情况下。对于长时间阅读的读者来说，需要格外注意眼睛的舒适度和环境光线。

听觉阅读则避免了视觉疲劳，尤其能让人的长时间阅读变得轻松。不过，如果长时间佩戴耳机或不注意音量控制，可能对听力有一定不良影响。

5.16 多种类适应性方面的差异

视觉阅读尤其适合阅读一些具有思想深度或理论色彩较强的书籍，如学术书籍、工具书、图表和插图较多的图书等。通过视觉阅读，读者能够宏观把握全书内容，迅速捕捉到其中的关键细节。

听觉阅读更适合阅读小说、传记、散文等叙述性强、结构不复杂的书籍，便于让读者在流畅的情节叙述中收获极佳的阅读体验。但对于图表、数学公式等内容而言，听书较难进行有效地传达。

5.17 在文化和语言学习方面的差异

视觉阅读中，读者可以细细品味书中的语言表达、句式结构和词汇运用。因此视觉阅读能提升读者的语法理解和写作能力，也很适合学习语言。

听觉阅读则有助于语言听力锻炼和发音模仿，适合需要练习发音和情境理解的学习者。特别是带有原声朗读的有声书，很容易帮人建立起真实的语境。

5.18 在阅读体验和感受方面的差异

视觉阅读是一种沉浸内心的过程，可以让读者屏蔽外界干扰，完全专注在书本内容上，它还是一场心灵与读物的对话，也是心灵与自我进行探索的方式。

听觉阅读一般能让人们在放松、休闲中获得忘我的沉浸式体验。听觉的包裹感、声音的节奏能让人更加快速地抽离现实，是一种即时、快捷的放松方式。

5.19 情境代入与多感官联结上的差异

视觉阅读中，读者依赖文字想象情境，这种将视觉和思维连接的方式带来了一种抽象的情境代入感。对于喜欢在阅读中沉思的读者而言，视觉阅读提供了更深层的感官体验。

听觉阅读通过声音和音效增强感官体验，尤其是富有表现力的朗读，仿佛让读者看见了故事中的人物和情境，从而为阅读带来了立体感。对听觉敏感的人来说，其代入感更为强烈、感受更为丰富。

总体上说，视觉阅读和听觉阅读各有其优势。视觉阅读需要适合深入分析、深入记忆和详细理解的场景，是培养专注力、语言理解能力和逻辑分析能力的有效方式。听觉阅读则更适合轻松的故事性内容、情感表达更强的作品以及多任务并行的场景，有助于人们利用碎片时间、放松身心。根据内容特点、学习习惯和场景需求，人们可以灵活选择两种阅读方式，甚至结合使用，以获取最佳的阅读体验和阅读效果。

6. 阅读图书与浏览视频对人类产生的作用有何不同

阅读图书和浏览视频对人类产生的作用存在显著差异，主要体现在信息处理方式、思维培养、记忆效果和情感体验等诸多方面，以下是对两者之间的一些差异进行的简要分析：

6.1 信息处理方式上的差异

阅读图书时，信息通过文字传递，读者的大脑需要先进行"解码"，理解文字的字面和潜在含义，再通过联想和想象，在大脑中形成具体画面。这种方式是主动的，要求大脑参与分析和推理，因此对信息的理解是一个逐步完善的过程。

浏览视频时，视觉系统和听觉系统同步接收信息，观众可以直接看到画面和情节，听到视频中的声音，信息的理解过程相对直接、被动。视频通过影像和声音组合呈现故事，大脑的处理负担相对较小。

6.2 理解与思维培养上的差异

阅读图书要求专注力和逻辑思维，尤其是长篇内容，需要持续关注情节和逻辑，因而反过来也有助于培养专注力和逻辑思维。阅读图书还能让读者有更多的时间进行自我思考和深度理解，进而增强分析能力和批判性思维。

视频常以连续、动态的方式呈现信息，观众被动接受信息，所以难以停留在细节上展开深度思考。虽然视频适合传达直观的情景，但浏览视频对于逻辑分析和批判思维的培养不如阅读图书那么有效。

6.3 记忆与信息保留方面的差异

阅读图书通常会让人在大脑中建立起文字、段落的印象，有助于长时记忆和加深理解。尤其是当读者做标记、划重点或记笔记时，记忆的效果更为显著。此外，阅读带来的缓慢节奏更适合去理解复杂信息和逻辑结构。

视频多采用线性播放方式进行展示，信息流动较快，容易产生短期记忆，但信息较难在大脑中长久保留。换言之，观众在视频浏览过程中只能瞬时捕捉重点内容，除非重复观看，否则记忆细节难度较大。

6.4 想象力与创造力激发方面的差异

阅读图书需要读者通过文字想象人物、想象情境和猜测、预判故事发展，这些都能激发大脑的主动性。读者在脑海中自行建构画面和情感，能够极大地增强想象力和创造力，尤其是文学、科幻类书籍更能提升创造性思维。

浏览视频过程中，观众能直接看到人物、环境的具体形态，不需要过多想象。因此，虽然视频可以启发视觉创造，但会抑制自主想象的空间，对观众创造力的激发较为有限。

6.5 知识吸收与技能培养上的差异

阅读图书要求逐字理解、分析和记忆，这有助于建构立体、多层次的知识体系，特别适合专业技能、复杂理论的学习。通过文字推理、结构分析，读者能更系统地吸收知识、增强技能。

视频则在演示和描述操作性知识方面更有优势，可以直观展现步骤或技巧。因此，视频更适合传授动态、实践技能，但对于需要逻辑分析的理论知识，它的效果则远不及阅读。

6.6 情绪感染与代入感方面的差异

阅读图书过程中，读者与书籍的互动更偏向于内在，所受到的感染更加个性化。读者在文字中逐步体验人物情感，情绪的代入感较慢但更持久，可以激发更深层次的情感共鸣。

视频能通过声音、画面、音乐等多重感官刺激，形成较强的情绪感染力，观众可以更快进入情境并感受到情绪波动。但视听效果尽管能强化情绪表达，使代入感更直接，情绪体验却相对短暂。

6.7 表达能力与语言培养上的差异

通过阅读图书，读者能学习文字表达、句式结构和词汇的运用，提升语言表达能力和写作技巧。尤其是阅读高质量的书籍，能够提高语言的准确性和多样性。

视频中的语言表达更加口语化，适合练习听力和提升日常交流能力，但对文字表达和写作技巧的提升十分有限，难以训练书面表达能力。因此，它更适合新接触一门语言的初学者。

6.8 在培养专注力与耐心方面的差异

阅读图书需要时间和耐心，特别是长篇内容，这势必能培养读者持久的专注力和沉浸能力。尤其在信息爆炸时代，阅读是一种提升专注力和耐力的方式。

视频节奏快、信息密度高，容易让人形成短时间内获取大量信息的习惯。但快进等视频播放方式会让观众更易分心，从而错失深入专注学习的机会，因而它对耐心和专注力的培养较弱。

6.9 信息深度与广度方面的差异

图书的信息密度高，能够让人自觉地深入剖析内容，进而获取深度信息。尤其是在科技、哲学、历史等领域，图书的内容系统且详尽，能帮助读者全面地掌握知识。

视频更适合广泛传播信息，为观众提供多元的内容，并帮助他们就视频谈论的话题形成整体印象。尤其是新闻、科普类视频，它们适合让人了解某个现象、问题的概况，但信息的深度和详细度都相对有限，通常只适合作为引发兴趣的起点。

6.10 在学习适应性方面的差异

图书阅读更适合视觉学习，尤其对于喜欢深度学习和需要进行知识系统构建的人，图书阅读更能满足他们的需求。

浏览视频更适合听觉或动觉学习，喜欢模拟和实践的人，视频可以让他们直接看到动手操作的整个流程。

6.11 在知识内化与认知沉淀方面的差异

阅读图书需要逐字理解和消化信息，知识的吸收过程是缓慢的、细致的，这有助于认知逐步沉淀和形成长远记忆。因此阅读图书适合内化复杂信息和搭建系统的知识框架。

视频带来的是即时且直观的信息，易于人们接受，但信息的流动速度较快，知识的内化程度往往较低。尤其在学习逻辑关系复杂、要求深度分析的内容时，观看视频的信息沉淀效果远不如阅读书籍。

6.12 在注意力分配与信息分层方面的差异

阅读图书需要将注意力集中在文字上，尤其是长篇内容，更要求读者保持专注，且能自行划分信息的轻重缓急。因此阅读图书更适合接受层次多、逻辑复杂的信息。

视频提供的信息往往一目了然，观众无需在上面分配过多注意力，就可以让他们的思维跟随视频内容流动。而这也抑制了他们的思考，尤其是在重要信息和次要信息混杂时，视频较难引导观众就信息优先级做出判断。

6.13 在培养批判性思维方面的差异

阅读图书，读者可以在文字之间停顿、思考、标记，并可以对观点进行深入分析和批判，适合培养批判性思维。

视频往往带有引导性，使观众倾向于跟随内容，忽视停顿和反思。虽然部分视频平台有弹幕和评论互动，但相对于阅读的深度思考，视频的批判性和主动性较弱。

6.14 在心理韧性与信息适应力方面的差异

阅读图书需要专注力和耐心，因此在学习较难理解的内容时，持续阅读能提升心理韧性和信息适应力；面对复杂内容时，读者有时间逐渐适应信息的难度。

视频则通过节奏和动态效果吸引注意，心理上的门槛较低，使得观众更能接受这种提供信息的方式。但这种习惯容易降低人们的耐心，并且导致其不愿主动接受具备一定难度的内容。

6.15 在社交影响与集体认同方面的差异

读书多是个人化的过程，读者会在阅读中建立个人认知和价值判断，形成更独立的观念。因此图书阅读往往能促使人们形成较为个性、独立的思维。

视频，尤其是社交媒体上的那些视频往往具有较强的社交属性，观众容易受到点赞、评论、弹幕等集体行为的影响，形成集体认同感。视频平台的推荐算法还会强化这种认同，从而造成片面接受信息的结果。

6.16 文化积累与历史价值方面的差异

图书往往承载了人类在文化、思想、历史和科技等方面长期以来积累的智慧，有助于人们对文化的深入理解和传承。经典书籍更是能够帮助人们形成深厚的文化积淀，具有深刻的教育和启发意义。

视频因其具备更新速度快、能广泛传播的特点，记录的更多是当下的热点和即时的资讯。不过视频虽能快速普及知识，但不像书籍有沉淀思想和传承文化的作用，历史价值相对较低。

6.17 语言运用与逻辑训练方面的差异

图书的语言往往经过编辑和修饰，文字表达精炼而严谨，且在前后逻辑、内容结构等方面要求较高。因此通过阅读图书，读者能够训练自身的表达逻辑和推理能力。

尽管视频容易理解，但视频内容的表述多偏向口语化，缺乏书面语言的严谨性，内容结构也更为松散，对逻辑严密性的要求也较低。

6.18 情绪控制与耐心培养方面的差异

阅读图书是一种静态的活动，能让人保持平和的心态，有助于培养耐心和情绪管理能力，这有助于人们从枯燥或困难的内容中获取信息。

视频，尤其是短视频里信息高度集中，容易让人的情绪随之迅速起伏，形成即时满足的习惯，此外，它还会让人忽视对于耐心的训练和情绪的管理。所以，长时间依赖视频可能影响人们注意力的持续性和情绪的稳定性。

6.19 在提供探索性与求知欲方面的差异

图书中的信息体量大、深度高，因此阅读往往能激励人们不断探索新领域，激发深入学习的求知欲。特别是在面对陌生知识领域时，图书阅读就更有助于激发出一个人探索未知的欲望。

视频多以引起兴趣为主，它通常内容丰富，深度却有限。因此尽管视频可以激发兴趣，但由于缺乏深度，容易使观众停留在现象表面，而缺乏进一步探究的动力。

6.20 对媒体素养培育方面的差异

读者对图书往往有一定的选择标准和自主性，所以通过选择图书这一行为，读者不但能提升分辨内容质量的能力，还能培养起独立的信息鉴别能力。

视频尤其是网络视频内容良莠不齐，部分平台主要依赖点击率和流量进行推荐。因此观看视频需要尤其重视信息的真实性和可靠性，但视频的多元化和刺激性特征又往往会让人停留在信息表面，难以形成主动鉴别信息的习惯。

总的来说，阅读图书可以帮助人们进行深层次的信息沉淀，有助于批判性思维的培养以及个人独立认知的建立。阅读图书尤其适合对深度学习的需求，能为读者提供持久的文化积累和精神提升。阅读图书的过程中，读者在文字的影响下会逐渐培养起形象思维和逻辑思维，此外，图书还有助于提升专注力、表达能力和系统性思维能力。因此，阅读这种方式更适合需要深度理解和复杂分析的知识性内容。

浏览视频则以即时性、趣味性为要务，适合获取碎片化信息和通过形象理解内容，具有快速引发兴趣和进行社交互动的优势。视频通过视听感官直接传递信息，能带来快速、直观的学习体验，适合在轻松状态下了解信息以及学习某些操作技能。

如果将上述两者结合使用，人们在获取信息时就可以兼顾深度和广度，以更好地适应不同的学习需求和生活场景。

7. 人类能否通过脑机互联绕过阅读，通过电脑输入等形式将知识植入到大脑当中？

从理论上看，通过脑机互联技术，人类确实有可能直接将知识输入大脑。这一想法是近年来生物科学（脑科学、神经科学等）和计算机科学交叉研究中的热门课题，但实现它面临着一系列复杂的技术和伦理挑战。以下就当前人类在这一领域取得的一些进展，以及其潜在的一些问题做简要的介绍。

7.1 脑机互联的基本原理

脑机互联（Brain–Computer Interface, BCI）技术是通过读取、分析和解码脑电信号，使计算机能够与动物大脑进行信息交互。通过在大脑植入微型电极或使用非侵入性脑电图（EEG）设备，BCI 可以解码大脑的信号模式，并将其转化为计算机指令。

理论上，BCI 可以实现逆向操作，将外部信息直接输入到大脑，并通过精准的神经刺激在大脑中形成记忆或知识，这种过程类似于对记忆的刻录。

7.2 技术实现的早期进展

科学家在老鼠和人类的记忆增强实验中，已经实现了通过电波刺激大脑海马体的方式来帮助记忆形成。一些研究尝试通过刺激，增强老鼠对走出特定迷宫路线的记忆，即增强大脑对特定信息的记忆能力，取得了成功。如今，BCI 已成功应用于医学领域，包括帮助渐冻症患者、瘫痪患者通过意念控制机械手臂或电脑鼠标，以及通过脑机互联实现部分语言理解和生成。类似的机制从理论上来说可以拓展到知识传输领域，但目前仍停留在简单信息和信号转换的层面。

7.3 大规模知识输入具有众多技术难点

首先，信息的复杂性问题短期内难以攻克。知识并非单一的信息，而是一个包含理解、逻辑、情感和记忆网络在内的多层次体系。简单的数据或信息可以传输，但让大脑深刻理解和整合这些知识还需更复杂的编码过程。

其次，神经接口的分辨率方面也存在难点。目前的脑机接口分辨率还不足以精准地定位和操控每一个神经元的活动，特别是复杂的知识或记忆需要多个区域协同作用，实现高精度刺激和广泛网络的同步刺激难度极大。

还有，知识内化和理解过程难以忽略。在阅读过程中，人类最终是通过理解和思考将信息逐步转化为知识，进而形成自己的认知框架。简单的知识灌输可能会绕过这一过程，但无法实现知识的真正内化和深刻理解。

7.4 潜在的心理和伦理挑战

首先是意识与自我问题。直接将外部知识输入大脑可能影响个体意识和自我认知，改变记忆内容可能导致个体性格或价值观的偏移，甚至产生记忆的不一致性。

其次是知识的安全性和隐私的保护问题。知识刻录或输入的过程中，信息的准确性和安全性需得到高度保障，防止植入偏见、错误的内容或信息泄露。此外，未经允许的知识植入还可能侵犯个人的自由意志。

再有就是社会、道德和伦理方面的问题。若脑机互联在知识输入上具备高度可行性，那么势必会造成这样的结果：某些人可以通过脑机接口获取知识，而另一些人无法获取。这会导致新的不平等，导致社会阶层间出现新的知识和权力差异。此外，脑机互联还可能会让某些人成为控制他人思想的工具，从而对道德伦理形成巨大挑战。

最后是自由意志与知识权利的争议问题。直接输入知识涉及对个人大脑的控制权，未经同意的知识输入可能侵犯个体的自由意志。知识输入和存储方式的非自愿性则可能带来潜在的道德争议和法律纠纷。

7.5 神经编码、解码的复杂性

知识的神经表征计算机是难以模仿的。知识在大脑中以复杂的神经网络和突触连接方式存在，不同的知识类型（如事实、技能、情感记忆）在大脑中的编码方式也各不相同。要实现知识的直接输入，首先需要准确掌握这些不同类型信息在神经层面的表征方式。

其次，人类为了将知识刻录到大脑，需要对其进行精确的神经编码，且每个人的脑部连接模式和神经活动模式都独一无二，换言之需要对每个人采取不同的编码方式。但计算机难以完成类似神经系统的编码和解码动作，因此利用计算机在大脑中复制和重现外部知识面临巨大的个性化挑战。

7.6 感知与理解的非直接性

人类的认知过程具有多层次性。知识不仅仅是数据，还涉及感知、理解、情感和动机。人类学习时大脑会通过多层次的神经回路进行分析、联想、情绪反应，这些都在知识内化中起到了关键作用。直接刻录跳过了它们，可能会影响知识的深度理解。

人类的学习和思考往往带有个人的认知偏差，这些偏差会影响信息的处理和解释。若通过脑机接口直接输入知识，可能会产生认知错配，导致知识在个人脑中的实际效果与预期发生巨大偏差。

7.7 情感关联与情境记忆

人类的情感对于接受知识起着重大的作用，他们的学习往往伴随情感体验，情感和记忆相互影响，帮助记忆持久化。通过脑机互联直接输入知识，可能无法复制这种情感体验，进而影响记忆的稳定性和深度。

知识在真实的学习过程中离不开特定的情境。比如，学习一门新语言需要特定的语境、文化氛围。因此直接输入知识的方式难以实现情境记忆，这种情境缺失可能会降低知识应用的灵活性和创造性。

7.8 意识体验与自由意志的影响

通过传统学习，个体保持了获取知识的自主控制权，而脑机互联直接输入知识的方式可能会改变个体的主动性。人类的意识、自由意志和自主选择能力是个体思考的重要组成部分，若知识被直接输入大脑，则可能模糊我者和他者的界限。

传统学习中，挑战、困惑和探索是大脑适应新知识的关键过程，也是提升大脑灵活性、敏捷度的重要方式。直接输入知识可能导致这种适应过程缺失，影响个体的应变能力和自主学习的动力。

7.9 创造力的抑制与思维模式的单一化

人类的创造力在很大程度上来源于大脑自发地将不同学科的知识相互关联和灵感的突发，而不仅仅是被动地输入和储存信息。因此直接输入知识可能导致它们彼此孤立，缺乏有机联系，阻碍人们发挥想象力和创造力。

此外，脑机互联大量刻录知识的方式可能导致思维模式趋同，尤其在大规模应用时，个人思维的独特性和多样性可能被削弱，从而造成思维方式统一化的风险。

7.10 信息过载与认知整合的负担

人类在学习时会自觉过滤信息，选择与自己有关或重要的内容，这一过程被称为信息筛选。直接输入知识可能导致信息过载，产生认知负担，不仅让人难以分清重点，还可能影响正常的思维和决策。

不同来源的知识有时会在大脑中发生冲突，传统学习可以通过思考让个体进行信息整合和判断，而直接输入的知识则有可能导致认知失调，造成混乱和焦虑。

7.11 记忆的可塑性与自然遗忘等思维功能错乱

人类记忆具有自然的选择性，许多信息会被逐渐遗忘，这种机制有助于保持认知的有效性。直接刻录知识可能导致大脑内存积累大量无用信息，影响大脑的长久效能。

记忆并非完全准确，这是因为记忆的可塑性能帮助人类适应环境和心理变化。直接刻录知识可能降低这种适应性，从而使人失去调整记忆的能力。

7.12 自我认同与身份的冲突

人类的身份具有高度的复杂性。知识不仅是信息，更是个体身份的一部分。经由传统的学习方式，每个人都会形成独一无二的知识体系和思维框架。若所有人都通过类似的手段进行知识输入，势必会导致个体自我认同出现同一性。

通过脑机互联直接输入知识无法替代成长中的经验，个体从知识学习中获得的自我认同感和成就感会因知识刻录而缺失，这最终会影响自我感受和身份塑造。

7.13 人类难以完全摆脱对传统学习过程的依赖

人类不断获取知识这一行为的本质，是一个自我建构的过程。传统的阅读、学习、思考等过程不仅传递知识，还塑造了人类的自我意识、批判性思维和创造力。通过理解、反思和自我验证，个体形成了独特的认知框架，这是脑机互联很难实现的。

人类通过与文本互动来产生情感共鸣、情境想象和思想碰撞，这种体验不仅是信息传递的过程，更是情感和人性的一部分，机器无法取代。

7.14 未来可能的应用场景和发展趋势

虽然面临众多问题和困难，但可以预见，在不久的将来人类可以通过脑机互联技术在信息、知识获取、记忆和理解判断等方面取得一些突破，诸如：

7.14.1 在技能植入方面，未来有望通过脑机互联快速传输一些特定技能或简单知识（如语言、图像识别、基本运动技能等），以帮助人们实现高效学习。

7.14.2 在增强学习和记忆方面，脑机互联可以与传统学习相结合，通过电刺激优化学习效果，例如增强记忆、减少遗忘等等。但这方面仍然需要传统的学习过程辅助。

7.14.3 深度认知与思维增强方面，脑机互联可能会对人类起到辅助作用，但这些复杂的脑功能远非简单的知识刻录可以实现的，因此它更可能集中于增强大脑处理能力，而非替代学习。

总之，脑机互联直接向人类大脑输入知识的技术尽管具有前景，但目前来看这种方式仍充满技术和伦理等方面的挑战。尽管未来某些简单的技能和知识或许能够通过脑机互联实现快速输入，但知识的深度理解、创造性应用和批判性思维等仍需要传统学习方式和个人体验的参与。脑机互联的发展可能会在未来帮助人们提高学习和记忆效率，但完全绕过阅读和学习，实现在大脑中直接刻录知识的目标，可能还需要长期的科学探索和更多的技术突破。此外，人类对大规模推广脑机互联仍应持高度谨慎的态度，以确保其不会损害人类的认知自主性、创造性和社会多样性。

8. 有没有其他一些新的科技手段取代阅读，使人类不需阅读就能获取信息和知识

除了上述脑机互联技术，近年来随着科技的快速发展，也有一些基于其他路径的新的技术手段，可以在一定程度上替代传统阅读，帮助人们更快速、更便捷地获取信息和知识。以下对此做一些简要的介绍：

8.1 语音助手与自然语言处理（NLP）

8.1.1 语音助手

诸如 Siri、Alexa、Google Assistant 等语音助手，能够通过语音交互提供信息。这些助手可以搜索网络、朗读文章、回答问题，帮助用户无需阅读即可获取一些基本信息。

8.1.2 自然语言生成（NLG）

自然语言生成（NLG）技术可以用简单的口语描述复杂信息，通过智能语音设备实现实时播报等功能，适合需要快速获取概述的场景，减少人们对视觉阅读的需求。

8.2 文本到语音（TTS）与自动朗读

8.2.1 TTS（Text-to-Speech，即文本到语音）技术

该项技术可以将书籍、文章、网页内容等文本转化为语音，通过音频朗读的形式传递信息。它为视力受损或不便阅读的人提供了便利，也适合需要在通勤、健身等场景下进行听觉阅读的人们。

8.2.2 AI 语音合成技术

具备深度学习功能的 AI 语音合成技术不仅能模仿真人语调，还能基于语境自动调整语速、语气，使音频的听觉体验更加接近真实阅读。可以说，这是对 TTS 技术的深化和升级。

8.3 知识图谱与信息可视化

8.3.1 知识图谱

知识图谱是通过数据图表、流程图和网络图等方式将复杂的知识和信息进行结构化呈现。知识图谱整合了不同领域的知识，并将其转化为关系节点，让用户快速理解信息的总体框架。

8.3.2 信息可视化

信息可视化可以将抽象的数据和知识转化为图像、动画等形式，帮助人们通过视觉快速理解复杂的信息。这在数据分析、科学传播等领域尤为有效，减少了对于大量阅读的需求。

8.4 虚拟现实（VR）和增强现实（AR）技术

8.4.1 VR 学习环境

虚拟现实技术通过模拟三维场景，将抽象的知识转化为身临其境的体

验。例如，学生可以在虚拟现实中参观历史场景、进行科学实验，并且获得直观的感受，而不再仅仅依赖对文字描述的阅读和理解。公检法系统也可以借助这一技术还原案发场景，提高办案效率。可以说，这一技术在诸多领域都具有应用空间，发展前景十分广阔。

8.4.2 AR 辅助学习

增强现实技术是通过在现实环境中叠加数字信息等方式，使用户在实景中直接观察知识点。例如，医学生可以通过 AR 在人体模型上看到各器官和系统的详细信息，学习和理解复杂的专业知识。

8.5 人工智能（AI）总结与信息提炼

8.5.1 AI 内容总结

人工智能可以通过自然语言处理技术对长篇文章、书籍等内容进行精炼总结，生成浓缩版的文章或进行要点提炼，从而让用户快速了解其中的核心信息。当前它已被应用在新闻、研究报告等领域，减少了人们对逐字阅读的需求。

8.5.2 自动知识分块

AI 可以将复杂内容按主题或知识点进行分块，以便用户逐步学习。当前正在应用的学习辅助工具（如 Anki 等）已经开始应用 AI 分块技术，帮助用户快速掌握重点知识。

8.6 深度学习与情境模拟

8.6.1 虚拟导师与 AI 学习伴侣

AI 驱动的虚拟导师或学习伴侣可以根据用户的学习需求定制内容，并提供实时反馈。虚拟导师通过对话式交互，帮助用户理解概念、解答问题，实现伴随式学习。

8.6.2 情境模拟学习

将深度学习和人工智能相结合，能够生成动态的学习情境，例如智能对话系统就可模拟真实场景，通过互动式对话帮助用户内化知识。这种方式通过模拟情境式教学，减少了人们对阅读的依赖。

8.7 视频学习与微学习（Microlearning）

8.7.1 视频课程与教程

在线视频学习平台（如 Coursera、Khan Academy、YouTube 等等）通过短视频课程向用户提供知识，帮助人们学习。视频的直观性、操作演示性和内容分段使知识的获取更加便捷。

8.7.2 微学习

将知识分解为短小的知识单元，通过图文、视频或小游戏的形式呈现，适合人们利用碎片化时间学习。微学习常见于语言学习、技能培训等领域，以使用户快速掌握知识点。

8.8 神经反馈与记忆增强技术

8.8.1 神经反馈技术

神经反馈技术可以通过设备检测用户的脑电波状态，实时反馈其注意力水平，从而帮助用户在最佳状态下接收信息和知识。部分记忆增强技术还能把神经反馈和电刺激相结合，使用户在信息接收过程中能更加集中注意力。

8.8.2 记忆增强技术

在近年来的一些研究中，研究者尝试使用记忆巩固设备进行脑电刺激（如经颅磁刺激 TMS），以增强大脑中特定记忆区域的活动，帮助信息在学习后得到更好巩固。这些技术可以在未来作为学习的辅助手段进行较广泛地运用。值得一提的是，它的安全性也相对较高。

8.9 量子计算与数据压缩技术

8.9.1 超高效数据处理

量子计算能够以超快速度整理复杂数据，有助于处理大规模信息和压缩庞杂的知识，使它们以更高效的方式进行储存和呈现。

8.9.2 内容压缩与自动索引

量子计算结合人工智能算法，可以从海量信息中提取关键内容，它还能通过自动索引和内容压缩提供快速访问，使用户在无需阅读原文的情况下获取核心信息。

8.10 植入脑内芯片与纳米技术

8.10.1 记忆植入实验

通过向大脑中植入微型脑芯片，科学家在记忆植入领域已取得了一些进展，比如在实验中成功帮助动物记住特定的行走路径等等。未来，这种芯片或许能借助无创手术等方式直接向大脑传输知识。

8.10.2 纳米机器人

纳米机器人在理论上可以通过血液传递并操控信息，未来或能通过靶向刺激特定大脑区域，将知识信息微调至大脑相应部位，以实现知识传递。

8.11 脑波同步学习（Neural Synchrony Learning）

8.11.1 脑波同步技术

科学家正在探索脑波同步的可能性，即通过将人的脑波与外部信息源同步，让人迅速感知到他人或系统传递的知识。这项技术的假设前提是能够复制脑波状态，这样方能在短时间内将专业知识和技能传递给学习者。

8.11.2 共情学习

脑波同步技术还能实现情感学习或共情学习，即通过让人们同步体验知识和情感内容，帮助他们感知和理解复杂的情感信息和情境，而不需再借助大量文字描述实现这一目标。

8.12 智能仿生装置（Smart Bioaugmentation Devices）

8.12.1 仿生记忆增强装置

未来可能出现的智能化仿生装置，能通过与大脑神经元对接，实时提升记忆力和知识处理速度。例如，增强记忆装置可以在特定知识领域激活相关神经元，使知识记忆更加牢固。

8.12.2 神经增强植入

智能化仿生装置或脑植入设备可以增强大脑特定区域的活性，尤其是在学习语言、数学或逻辑时，专用植入装置可以帮助人们更快地掌握相关领域的知识。

8.13 脑机辅助的情境模拟（BCI-Aided Situational Simulation）

8.13.1 沉浸式知识体验

通过脑机接口与虚拟现实两项技术的结合，用户可以身临其境地学习知识。例如，通过情境模拟，人们可以体验地质状况、自然环境，在当时的情境中感受历史事件，以及模拟复杂的科学实验等，无需文字、解说就能获得知识。

8.13.2 动态知识场景

这种情境模拟技术能根据学习者的反馈不断调整知识场景，使每个人获得个性化的体验。特别是在历史、科学实验等领域中，这类技术能帮助用户获得沉浸式体验，甚至绕过文字描述，直接让人进行理解和记忆。

8.14 分布式人工智能与人机共生学习（Distributed AI & Symbiotic Learning）

8.14.1 人机共生系统

分布式 AI 系统能与人类大脑形成协作关系，让人工智能分担大脑处理和存储知识的任务。未来，这类共生系统还可以实现在人类大脑需要时激活特定信息模块，按需提供知识支持，而非让它们长期储存在大脑中。

8.14.2 实时知识检索与增强

借助分布式 AI，大脑不需记忆所有信息，而是在需要某些信息时由 AI 协同检索和提供答案。这种按需式的知识获取方式能够大大提高效率，让人们将精力集中在需要思考和创新的领域。

8.15 基因编辑与神经可塑性增强技术（Gene Editing & Neuroplasticity Enhancement）

8.15.1 基因编辑强化学习能力

通过基因编辑或基因表达调控，未来人类神经系统的可塑性将会极大增强，使大脑具备在短时间内吸收和整合大量信息的能力。例如，通过增强与记忆和学习相关的基因，可以让知识被获取和记忆的效率大幅提升。

8.15.2 学习基因工程

科学家正在探索特定基因的作用，以增强人类对知识的吸收和记忆能力。未来，基因编辑可能会帮助人类实现更高效的学习，缩短学习时间。

8.16 智能化增强外部记忆（Intelligent Augmented External Memory）

8.16.1 智能记忆设备

通过智能化的"外部大脑"，人类可以将一些非核心的知识存储在如云存储或智能眼镜等外部设备中，并通过思维控制来快速检索信息。这种外部记忆不仅能扩展人的知识范围，还能按需提供更新的信息。

8.16.2 情境式记忆辅助

智能记忆设备通过结合 AI 算法和脑机接口，能够自动识别用户所处情境，并提供相关知识。这种方式适用于技能培训、实地应用等场景，可以使人们直接调用"外脑"完成知识记忆和运用。

8.17 脑波编码与认知信号传输（Brainwave Encoding & Cognitive Signal Transmission）

8.17.1 信息直接编码

科学家设想可以将知识通过特定脑波模式进行编码，并通过非侵入式设备将信息传输到大脑。假设这些信号可刺激特定神经网络，那么或许可以实现短时间内在大脑中形成基础记忆的效果。

8.17.2 神经调控与实时信息传输

通过对特定脑电波的操控，未来可能实现即时信息传输，即借助脑电波将基础知识传递给用户。这种技术若能实现，将大幅减少知识的获取时间。

8.18 即时学习平台与智能增强现实（Real-Time Learning Platforms & Smart AR）

8.18.1 智能 AR 翻译和解说

智能增强现实平台能自动识别环境并提供实时解说，这样用户可以在旅游、参观博物馆、从事手工操作等情境中边看边学，无需通过书本了解背景知识。

8.18.2 即时智能教学

类似智能 AR 眼镜等设备可用于技能培训，例如工程师佩戴智能眼镜即可实时获得操作提示，减少了阅读手册的必要性。这类平台适合高度应用型的知识传授。

8.19 跨感官融合学习（Cross-Sensory Fusion Learning）

8.19.1 多感官整合

科学家正在探索如何通过结合多感官（如视觉、听觉、触觉等）提升理解知识的能力。例如，通过虚拟触觉和音效结合来模拟物理学概念，使用户直接体验力学、运动等知识，提升对知识的体感认知。

8.19.2 感官反馈与记忆强化

通过跨感官的学习方式，人们可以通过真实的感官体验感受知识。比如，医学学习者通过模拟人体组织结构的触感，记忆医学知识。这种多感官方式能加深印象，减少了文字或图片阅读的需求。

8.20 人工意识（Artificial Consciousness）与协同智能

8.20.1 人工意识的新伙伴

未来，拥有初步人工意识的 AI 可以成为智慧伙伴，为用户提供即时知识支持。这种 AI 具备基本判断和推理能力，可以通过思想共鸣般的理解感知用户的需求，并提供符合情境的知识。

8.20.2 协同智能学习系统

协同智能系统通过集成多个用户的学习反馈和经验，不断优化知识输出方式。这使得用户能够在与系统互动过程中逐步获取知识，而非单纯依赖阅读和记忆。

虽然上述技术手段为人类提供了多种替代阅读获取知识的路径，在理论上使无需阅读即可获取知识成为可能，但它们大多数仍处于实验阶段或早期发展阶段，目前还只适用于特定场景下的学习或辅助学习。知识不仅是信息的获取，还是理解、内化和应用的过程，因此完全替代阅读的尝试仍然面临着多重挑战。总的来说，阅读在当下仍是人类获得深度理解、逻辑分析和批判性思维的关键。

未来，随着神经科学，以及人工智能、虚拟现实、算力等技术的快速进步，人类获取知识的方式将更加多样化，但传统阅读所带来的深度理解、批判性思维和独立认知能力仍将具有重要价值。因此，新技术仍然需要与传统的阅读方式共存，以达到信息获取和知识内化的最佳平衡。

9. 阅读图书对人类的提升作用

阅读图书对人类的提升有着显著的作用，这种作用不仅体现在知识的积累上，还包括思维方式的培养、认知能力的提高以及情感和心理的完善等多个方面，概括起来主要有以下几点：

9.1 语言表达能力的提升和词汇量的增加

阅读特别是阅读文学和学术类书籍，能提升读者所掌握的词汇的丰富性和多样性，以及语言的表达能力。不同类型的书籍拓宽了语言使用的广度和深度，有助于人们更加精准和灵活地表达思想。

通过阅读，读者能够潜移默化地感受到语言的结构、韵律和逻辑，这种语感的形成会帮助他们在沟通和写作中将千变万化的事物表达得更清晰、更优美和更富逻辑性。

9.2 增强记忆力和专注力

以长篇小说、历史书籍为例，由于其中包括丰富的人物、情节和细节，因此阅读是对记忆力的有效训练，尤其在阅读这类内容时，记忆能力将得到不断强化。

阅读要求大脑保持全神贯注的状态，从而可以帮助人们提高专注力。尤其在当今这个信息碎片化的时代，阅读是对抗注意力分散的一种有效方式，能让大脑习惯于长时间专注一件事。

9.3 逻辑思维和批判性思维的提高

阅读会要求人们在理解作者观点时自觉进行逻辑推理，尤其是阅读科普、哲学和推理类书籍时，读者更需要通过逐步分析和演绎形成系统性的思考，这些都有助于逻辑思维能力的提升。

阅读不同观点的书籍能提升读者的思辨能力，主动质疑和探究不同论点背后的逻辑。批判性思维的培养能帮助人们形成独立判断力，从而不再轻易被纷繁复杂的信息所引导，尤其在面对复杂社会问题时能做出更理性的决策。

9.4 增强理解能力和学习能力

书籍中常常包含深入的、多层次的内容，因此在阅读时，大脑必然会对复杂信息进行分析和整合，而这也在无形中让人锻炼了理解复杂概念的能力。

阅读不同主题的书籍能够让人快速吸收新知识、理解不同领域的核心概念，这种能力的形成提高了对新知识的学习效率，也为其在其他领域的学习打下了良好的基础。

9.5 创新思维与创造力的激发

阅读能帮助人们建立起跨学科的知识网络。不同学科领域的书籍会启发多样性思维，还能将看似不相关的信息和概念联系起来，激发出人们的创造力。

文学、科幻类书籍中的情境描述和情节发展可以激发读者的想象力。读者在阅读中会自觉扮演情景构建者的角色，根据所读内容想象出不同的画面和情节，这一过程增强了他们思维的洞察力和大脑的想象空间。

9.6 有助于情感智力和同理心的提升

文学作品中人物的情感，能够帮助读者提升共情和理解的能力，尤其是阅读小说时，其中的人物经历更能让人们感受到情感的多元性，从而使之在生活中更好地管理个人情绪。

阅读不同文化、背景和时代的书籍，特别是传记和历史作品，能够让人从他人的视角和情感思考问题，增强同理心。这种理解和同理心是情商的重要组成部分，有助于人际关系的处理。

9.7 有助于思维灵活性和适应能力的提升

阅读需要人的思维在不同的内容之间进行切换，并将信息整合在脑海中。这种灵活处理信息的能力能够帮助人们更加适应新环境或更好地应对复杂问题。

图书还能让读者学会从不同角度看待事物，通过接触不同观点增强思维的灵活性。具备思维灵活性有助于人们适应多变的环境，促使其更全面地理解问题。

9.8 加强判断力与决策能力

阅读要求人们在众多信息中抓住重点、判断真伪，从而提高了对信息的筛选能力。这种能力在现实生活中尤为重要，有助于人们做出更明智的决策。

阅读尤其是阅读案例分析、历史纪录等内容，能让人汲取他人的经验和教训，对在类似情境中做出决策提供支持和借鉴。

9.9 心理韧性与耐心的提升

阅读有助于耐心的培养，特别在阅读长篇内容和复杂的学术类著作时，更需要读者保持足够的耐心。因此它有助于提升人们在生活和工作中的抗挫折能力。

许多书籍展示了主人公面对困难、对抗挫折时的经历，通过阅读，读者能从中汲取到战胜挫折的力量和勇气，从而提升自我的心理韧性和抗压能力。

9.10 思想、能力的全面提升和个性化发展

每个人的阅读兴趣不同，因此阅读能帮助人们根据自身兴趣和需求构建个性化的知识体系，使他们的思想、观念得到个性化发展。

通过广泛地阅读各类书籍，读者不仅能在单一领域积累知识，还能在多个领域拓宽认知和技能，将自己培养成为具有多元思维和能力的人。

当然，阅读图书对思想和能力的提升还体现在更多方面，例如：

9.10.1 认知地图的构建与信息整合

阅读能帮助大脑构建起知识的认知地图，使人能在大脑中形成完整的知识框架。通过不断积累和梳理信息，读者在遇到新知识时就能够迅速在大脑中找到对应的坐标，从而实现更有效的知识整合。

书籍中往往包含大量信息，读者在阅读过程中必须将新信息与已有知识结合，这锻炼了大脑的信息整合能力，使得新知识的吸收和应用更为高效。

9.10.2 提升信息检索与问题解决能力

在阅读中，人们会习惯于寻找关键信息、查找资料和参考书目，这锻炼了快速定位有用信息的能力。这种信息检索技能在现代社会中至关重要，能帮助读者高效地筛选和运用信息。

通过阅读不同主题的书籍，尤其是案例研究、问题分析类书籍，读者可以在潜移默化中学习到解决问题的多种方法，进而提高其应对复杂情境的能力。

9.10.3 增强直觉与潜意识学习能力

大量阅读积累的经验能帮助人们在潜意识中逐步建立直觉，从而在面对某些问题时能够迅速做出判断和推理。

阅读还能在人的潜意识中积累大量信息，这些信息在日后可以作为储备知识在需要的时候被激活，为解决问题、快速决策提供支持和帮助。

9.10.4 提升思维灵活性与多元思考能力

阅读能让人们接触到各种不同的观点和理念，促成其打破固有的思维模式，增强思维的灵活性。阅读丰富多样的书籍还能让大脑习惯于在不同的思维之间来回转换，从而提升人们适应新知识和新环境的能力。

通过接触不同风格、不同领域的内容，读者会形成多角度的思考方式，从而习惯于从多方面分析和理解问题。这种多元思考的能力也更能使人透彻而全面地思考复杂问题。

9.10.5 增强心理健康与促进全面发展

阅读不仅仅能获取知识，还是一种放松心情和调节情绪的方式，尤其是阅读文学、心理学等书籍，有助于维护读者的心理健康。阅读过程中，大脑得到了休息，情绪得到了调节，也减轻了工作生活中的压力。

长期阅读还能促进人的全面发展，它不仅能提升人的逻辑推理和分析判断能力，也会让人在人文关怀、情绪管理等方面也得到提升。这样的人能够平衡地运用理性和情感，在工作、生活和社交中做到游刃有余。

9.10.6 培养人的文化包容性与全球视野

通过阅读不同国家和不同文化背景的书籍，读者能够更好地理解全球文化的多样性，从而拓宽视野、开阔胸襟，建立包容的文化观。这不仅让人们

增长了知识，也使之在全球化背景下显得更有内涵和素养。

通过阅读世界各地的经典著作、学术研究成果和历史纪录，读者可以从更宏观的角度理解所在地区的社会、经济和文化等问题，从而增强自身在现实世界当中的适应力。

9.10.7 锻炼直觉思维和类比推理能力

阅读可以通过不同知识点间的相似性来训练大脑推理和理解新事物的能力，从而帮助人们更快地理解复杂事物的本质。例如，阅读历史类书籍能够让人们更容易发现历史发展的规律，从而提高对现实问题的理解和判断能力。

阅读过程中的知识积累和思维锻炼，能够让人们逐步形成直觉思维。这种直觉思维可以帮助人们在不进行复杂推理的情况下迅速抓住问题的关键点，直达问题的核心。

9.10.8 激发自我反思和元认知能力

阅读过程中，当遇到启发性的观点或有争议的主题时，读者会自然而然地进行自我反思，审视自己的认知、行为和价值观。这种反思又会反过来帮助人们进一步优化自己的思维和行为方式，从而实现不断进步。

阅读能帮助读者观照自己的思维，了解自己如何思考、如何理解信息，进而增强他们的元认知能力。元认知能力可以帮助人们在学习和工作中不断改进自己的思维策略，提升自我认知的清晰度。

9.10.7 帮助人们增强面对未知的适应力

广泛阅读各类内容的书籍可以让人们在面对未知和不确定性时具备更强的适应力。书籍中的各种情境、人物和挑战会让读者对未知世界充满好奇，而非恐惧，使他们在真实生活中也能够勇于探索。

9.10.8 洞察力的全面提升

读者通过分析和理解故事情节、人物关系、社会现象，可以逐渐培养出敏锐的洞察力。尤其是阅读心理学和文学作品时，洞察人性和情感的能力会

得到显著的强化。

阅读图书是人类提升自我的重要途径，它不仅能通过信息传递直接扩展人的知识储备，也能从基础的语言能力、记忆能力、专注力到高阶的逻辑思维、批判性思维、创新思维，再到创造力、情绪智力和洞察力等多个方面推动人的成长。

总的来说，阅读不仅仅是获取知识的手段，更能塑造人的思维模式、情感体验和心理素养。尤其是在批判性思维、情感智力、创造力和适应性等方面，阅读给人类提供了不可替代的帮助，使人类得以全面、持久、深入地提升。这种提升不仅有助于个人的成长，也使人们能够更好地适应复杂的社会环境和面对未来的挑战。

10. 阅读图书对人类摆脱精神痛苦具有积极作用

现代社会环境下，人类的生存压力日益增大，心理问题或心理疾病在不同的生存环境下、在各个社会阶层中，和除婴幼儿之外几乎每个年龄段的人群中普遍存在。在上文的章节中，笔者曾提到阅读对人类心理健康的改善作用。那么，阅读对人类精神上的迷茫，甚至痛苦是否能起到正向的作用，即阅读是否能够帮助人类摆脱精神上的痛苦呢？

答案是非常肯定的。科学研究表明，阅读图书确实可以帮助人类缓解和摆脱精神痛苦，这种作用体现在心理疗愈、情感支持、认知调整和个人成长等多个维度上。具体来讲，它主要表现为以下几个方面：

10.1 阅读提供了情绪释放和心理疏导的途径

阅读文学作品，如小说、诗歌等，读者可以在文字中找到情感的共鸣，尤其是当书中的人物经历与自身类似时，读者会产生"有人懂我"的感觉，从而获得情绪上的安慰和宣泄。

阅读让人可以暂时进入另一种生活或情境，通过故事中的情节和人物处理痛苦的方式，获得情感的宣泄和情绪的释放，从而让自己的痛苦在文字中转化、缓解。

10.2 阅读促成自我反思与心理成长

阅读哲学、心理学或传记类书籍，可以引发人们的自我反思。读者能够在文字的引导下探索内心痛苦的根源，梳理情绪和想法，从而更清晰地理解自己的情绪状态。

阅读还能帮助人们从他人经历中汲取经验和力量，尤其是书中人物面对挫折的态度、调整心态的方式，能够鼓励读者用更健康、更积极的心理应对问题。

10.3 阅读提供解决精神痛苦的心理工具

许多心理学和自助类书籍提供了应对精神痛苦的实用技巧和策略，例如情绪管理、正念冥想、认知行为疗法等方法等，以此帮助人们有效地应对和解决精神痛苦。

励志类或心理成长类书籍则可以激励读者积极采取行动，通过改变行为来改善心境。例如，这类书中的建议和指导可以帮助读者逐步建立健康、积极的生活习惯和态度，鼓励他们通过积极行动获取正向反馈。近些年来，越来越多的人倡导并参与长跑运动，其主要原因之一就是人们能够通过参与这项运动有效地提升愉悦感、战胜感和自信心，从而降低心理压力和精神痛苦。

10.4 阅读为读者带来生活的希望和人生的启发

阅读哲学和宗教类书籍时，读者可以主动思考生命意义、生活价值等深层次问题。许多书籍探讨了琐碎、复杂的生活与人生意义之间的关系，既帮助人们在痛苦中寻找成长的契机，也赋予了生活以新的意义。

许多书籍特别是传记和励志类书籍，展示了人在逆境中战胜困难的过程，告诉读者生活中并不存在无法逾越的障碍，所有问题都是可以解决的。这样的图书为读者带来了希望，对于帮助他们建立起对未来的信心起到了积极作用。

10.5 为读者提供情感庇护和暂时安慰

阅读有时能帮助人们从现实的压力中解脱出来。特别是那些轻松愉快的小说或幻想类书籍，能让人暂时放下现实的重担，重新审视自己遇到的问题和困境。当人正在经历精神痛苦时，阅读则能使之沉浸于另一个世界之中，获得片刻的放松、宁静与安慰。

10.6 促成人们建立同理心与情感支持网络

关于心理健康、精神困扰的书籍能够让人认识到痛苦是普遍的，人类都会经历低谷和困境。这种意识能帮助痛苦中的人们不再感到孤独，产生被理解和支持的感觉。

通过书籍与作者、人物，读者之间能够建立一种情感连接，获得一种心理上的支持和陪伴，尤其是当人处在孤独、孤立的情绪中时，书籍能够成为一种稳定的"情感伙伴"。

10.7 帮助增加心理韧性和提高抗压能力

许多书籍特别是历史传记、战争文学类作品，讲述了人们以坚持不懈的心态应对艰难环境的经历，阅读这些故事能够增强读者的心理韧性，帮助他们更有勇气去面对现实生活中痛苦和挫折。

心理学和自助类书籍可以帮助人们了解压力的来源，并教会人们通过放松训练、正念练习等方式缓解压力，增强心理适应性。

10.8 促进自我接纳

心理学、哲学或个人成长类书籍，可以帮助人们学会接受自己和生活的不完美。这种自我接纳对于缓解精神痛苦至关重要。通过理解和接纳自我，人们能够更轻松地化解内心的焦虑、矛盾和不安。

10.9 帮助人们获得解决问题的新视角和新方法

阅读能让人从不同的角度理解问题，特别是通过阅读哲学、心理学、文学作品，读者能够打破自身的思维限制，获得新的视角。这种拓宽视角的过程能够帮助人们走出迷茫、解开困惑。

许多书籍都包含着对人生问题的深入思考，它会帮助人们从更高的层面看待痛苦，使人们在面对困难时更加智慧、理性。

10.10 通过阅读提升心理安全感

阅读可以让人在更深层次上理解自身遇到的问题，特别是通过阅读心理学和神经科学类书籍，读者可以更清楚地了解精神痛苦的来源、表现和解决方法，从而在心理上获得一种安全感。

阅读增加了人对自我和痛苦的理解，帮助人们保持平和的心理状态。例如了解情绪波动的机制和调节方法，能够让人们在面对情绪低谷时保持冷静。

10.11 有助于塑造积极的思维模式

心理学和自我提升类书籍，能帮助人们逐步养成积极的思维方式，改变对世界消极的情感态度。正面的思维习惯有助于人们在面对痛苦时保持乐观的心态，并将挑战看作成长的机会。一些书籍探讨了如何在逆境中寻找价值、激发潜力的问题，它们能帮助读者形成成长型思维，即在困难中看到学习和成长的机会，而不是困于消极的情绪之中不能自拔。

10.12 锻炼心理弹性与应变能力

富有哲理的书籍，特别是探讨生命轨迹、人生意义的书籍，能让人更好地接纳生活中的不确定性，这种心理弹性在面对突发事件和痛苦时尤为重要。

传记、历史类书籍，能让人们了解他人如何面对未知和不确定的未来，这有助于增强面对痛苦时的应变力。看到他人走出不幸的成功经历，读者可以更快适应自身遇到的问题，并找到适合的应对策略。

10.13 引导读者赋予生活以意义

许多哲学和宗教类书籍探讨了痛苦与人生意义的关系。通过阅读这些书籍，人们能够思考生活的深层意义，并理解痛苦在生命旅程中的作用，从而获得内心的安慰。

阅读带来的反思能帮助人们重新认识自己的独特价值，尤其是在感到失落或低估自我时，阅读可以激励人们重新定义和发现自己的价值，重拾自信。

10.14 提升人们对死亡和无常的理解

宗教经典、哲学书籍能帮助人们正确理解无常的概念，明白生活中的变化和不确定性是一种正常现象。这有助于人们能以更加释然的心态面对失去、疾病等痛苦。

一些书籍致力于帮助人们面对死亡问题，让人们通过深刻的思考认识到死亡不可避免的事实，从而更加珍惜生命。这种对死亡的接纳能减少内心的恐惧和焦虑，促进心理的安宁。

10.15 缓解人们的孤独感并建立连接感

阅读让人们感受到陪伴，书中角色和作者的思想能够帮助人们在孤独中找到精神寄托，缓解孤独感带来的痛苦。

通过阅读，读者可以在精神上与不同文化、思想、年代的人建立超越时空的联系。特别是当读到相似的经历时，这种心灵上的连接能让人意识到自己并不孤单，从而减轻内心的孤独感。

10.16 促进个人成长与重塑价值观

一些书籍，尤其是传记、自传和人生哲理类书籍，能够为读者提供人生的方向和指引。看到他人如何面对生活的转折和痛苦，读者也能思考自己的遭遇和选择，重新确定自己的人生方向。

阅读能让人接触到多样化的价值观和人生哲学，从而跳出固有的观念，为自己建立起更多元的价值观。这种重塑价值观的过程能帮助人们更灵活地面对生活中的困难，减少精神痛苦的根源。

10.17 提供自我疗愈的方法

许多心理学和自助书籍中记录了冥想、正念等方法，以此帮助人们在痛苦中找到内心的平静。通过反复练习，读者可以掌握自我调节情绪的技巧，在痛苦中保持内心的安宁。

一些书籍如诗歌、散文或哲学经典具有抚慰人心的力量，通过优美的语言和深刻的思想帮助人们在痛苦中找到心灵的安慰之所和治愈之道。

心理疗愈类书籍可以帮助人们学会与自我对话，从而缓解内心的冲突和矛盾，达到内心的和解。这种自我疗愈的方法对缓解精神痛苦非常有效。

10.18 激发潜在创造力与自我表达

许多文学和艺术类书籍告诉人们，通过写作、绘画等创造性活动可以表达情感，释放内心的压抑。在它们的启发下，读者也可以尝试通过艺术创作来舒缓痛苦，发现走出精神困境的另一种出口。

关于艺术疗法的书籍能够帮助人们了解如何通过音乐、绘画、舞蹈等方式疗愈内心。艺术疗愈是一种替代表达方式，这种表达可以帮助人们从痛苦中找到释放和慰藉。

10.19 帮助了解心理问题与寻求帮助

许多心理学书籍为人们提供了有关抑郁、焦虑、创伤等心理问题的知识，帮助人们了解自己的症状，减少对心理问题的羞耻感。这类书籍还可以教会人们如何及时寻求专业心理帮助。通过了解心理治疗的原理和流程，读者更容易去接受心理治疗，获得专业的心理支持。

10.20 建立内在信心

阅读内容积极向上的书籍能使人们在痛苦中重拾自信心，使他们不再过度依赖外部认同，而是从内心找到自我存在的价值感。这种内在信心能够帮助人们更有力量去面对痛苦，而不轻易被困境打败。

阅读图书对摆脱精神痛苦起到的帮助是多方面的，它不仅仅为人们提供了安慰或庇护，更能通过心理成长、情绪疏导和认知调整等多种手段，帮助人们提升心理韧性，拓展对痛苦的理解和处理能力。书籍为人们提供了精神上的陪伴和知识上的支持，使人们在痛苦中获得自我疗愈、情感支持和内心的力量。因此，阅读图书不仅能帮助人们缓解和摆脱一时的精神痛苦，从长远角度看，它还能促进人的心理健康与心灵成长。

二、关于阅读推广

1. 阅读推广的定义及其作用

阅读推广是指通过多种方式和手段，激发人们对阅读的兴趣，培养其良好的阅读习惯，提升其阅读能力，进而提升个人和整个社会的知识水平和综合素质。因此阅读推广不仅仅是简单的读书倡导活动，更是一个系统的、持续的文化建设过程，涵盖了教育、社会服务、文化创新等多个方面，其主要作用包括：

1.1 培养阅读兴趣和阅读习惯

阅读推广的首要任务是激发人们对阅读的兴趣，让不同年龄、职业和文化背景的人对阅读产生好奇和热情。比如通过推荐适合的书籍、组织有趣的阅读活动，让阅读成为人们生活的组成部分。

阅读推广旨在培养人们的阅读习惯，尤其是对于青少年和儿童来说，可以通过家庭、学校和社区的引导，让阅读融入他们的日常生活之中，进而持续地影响其学习和成长过程。

1.2 提升大众的阅读能力和阅读素养

阅读推广不仅关注阅读的数量，也关注阅读质量。通过阅读帮助人们提高阅读理解、分析判断和批判性思维等能力，使他们能够深入理解和运用阅读的内容，才是阅读推广的主要目的。

阅读素养包括理解、评估、整合和应用信息的能力。阅读推广项目旨在提升人们对不同类型书籍的理解能力，进而提升他们的信息处理和应用的能力，并最终帮助其在生活和工作中形成运用书本知识解决问题的能力。

1.3 丰富阅读资源和提供多样化选择

阅读推广的另一个重要作用是为大众提供优质的阅读资源，包括经典文学、科学普及、哲学思考、艺术鉴赏、休闲娱乐、生活百科等方面的内容，让人们有机会接触丰富而多样的知识。不同人群的兴趣、需求各不相同，因此阅读推广需要涵盖多种类型的书籍，如文学类书籍、艺术类书籍、自然科学类书籍、工具类书籍、外文类书籍等等，以满足不同读者的兴趣和需求，让每个人都能找到适合自己的阅读内容。

1.4 推广全民阅读和普及文化

阅读推广的基本作用之一是让阅读不再局限于少数人，而是能服务于全体人民。从城市到乡村、从成人到儿童，推广会让所有人都能享受阅读带来的益处。特别是通过推广经典书籍和优秀文化作品，可以有效提升人们的文化素养和历史认知，丰富个人的文化底蕴，从而形成积极向上的社会风气。

1.5 营造阅读氛围和阅读文化

阅读推广的作用还包括构建积极的阅读环境和氛围，比如设立公共图书馆、在一些公共场所开辟阅读空间、设立阅读角等，以帮助人们在日常生活中更多地接触书籍。通过倡导读书的社会风尚，可以打造"爱读书、读好书、善读书"的阅读文化，使热爱阅读、热爱知识成为社会的主流价值观之一。

1.6 倡导终身学习和个人发展

阅读推广不仅面向学生群体，成年人也是它的重要对象。对于这类人群来说，阅读推广的意义主要在于倡导其具备终身学习的理念，在阅读中不断提升自我认知、技能和见识，让学习成为他们一生的追求。

推广阅读也可以帮助人们在职场、家庭和生活中找到学习和成长的途径，实现个人的全面发展。

1.7 构建阅读社群和社会互动

组成读书会、线上书友圈等阅读群体，是阅读推广的重要方式之一。分享读书感受，交流心得既增加了读者间的良性互动，也增加了阅读的乐趣。

阅读推广不仅是个体之间的活动，更是社会性的活动，因此通过图书交流、读书会、讲座等推广手段，能有效促进社会成员间的沟通，增进彼此的理解与包容。

1.8 培养信息素养和媒体辨识能力

在这个信息泛滥的时代，阅读推广可以让人们学会判断信息的真实性和价值，培养他们的批判性思维，使之能够有效地筛选和整合信息。

通过引导人们接触优质图书，阅读推广还能帮助他们增强对信息来源的可靠性、信息可信性的敏感度，进而形成对各类信息以及发布各类信息的媒体的判断和辨识能力。

1.9 促进心灵成长和心理健康

阅读推广可以通过引导人们阅读经典文学、心理学书籍等图书，帮助他们深入认知自我和探索心灵，促进其心理成长，让阅读成为一种治愈和自我提升的途径。如前所述，阅读可以帮助缓解压力、减少孤独感，因此阅读推广在某种程度上提供了心理健康的支持，让更多人享受到阅读的抚慰作用。

1.10 推动文化传承和创新

阅读推广通过推荐经典文学和历史著作，能促进文化的传承，帮助下一代继承前人的智慧，增强对本民族文化的认同感。推广阅读不同文化的书籍则可以使不同文化和思想在碰撞中产生新的火花，从而激发人们的创造力，推动文化创新和文化多样性发展。

1.11 推动跨学科知识融合与创新

阅读推广可以帮助人们打破认知局限，通过推广不同学科书籍，帮助读者将不同领域的知识联系起来，全面地认识、理解世界、社会和生活。

通过推广各类学科知识，包括哲学、自然科学、人文科学等，人们的思维创新能力将会被进一步激发，从而推动知识的跨界整合和新概念的产生，推动科研工作和社会生活的进步。

1.12 倡导环境保护与可持续发展

推广科普书籍、环境类书籍，可以帮助人们加深对自然和环境的认识。比如，阅读可以带领人们了解气候变化、生物多样性、物种减少等问题，从而增强他们的环保意识。

阅读推广还可以使人们接触到有关可持续发展的知识，提升他们在资源利用、生态保护等方面的关注度，从而推动绿色、环保意识的培养，减少不必要的消耗和浪费。

1.13 强化人文素养与社会责任感

推广经典文学、历史、伦理学等书籍，可以帮助人们理解人性、道德、文化，提升他们的人文素养，增强他们对社会的责任感。通过推广相关书籍，人们可以更全面地了解、关注、思考全球和当地的社会问题，如贫困、不平等、老龄化、公共健康等等，从而增强其社会参与感和责任意识。

1.14 鼓励个性化发展与自我发现

阅读推广可以支持广大人民群众实现个性化学习，即鼓励人们根据自身兴趣去选择书籍，通过阅读找到自己的兴趣所在和专长领域，最终培养起独立、自主的学习能力。

推广阅读哲学、心理学和自传类书籍，可以帮助人们在阅读中不断探索和了解自我，深化对个性、情感和潜力的理解，促进个体的自我实现和个人成长。

1.15 增进跨文化交流与开阔国际视野

阅读推广可以帮助人们接触和了解不同文化的作品，如阅读来自各国的文学、哲学和历史类书籍，可以增强读者对多元文化的尊重和理解。

阅读推广还能帮助人们接触到全球范围内的知识和思想，进而更加理解和包容国家之间的文化差异，这对于全球化背景下的沟通与协作至关重要。

1.16 增强创造力与批判性思维

阅读推广同样可以激发人们的创造力，特别是艺术、科幻、哲学等书籍能够激发人们的想象力，激励读者打破常规，探索新思想，促进创造性思维的形成。推广不同观点的书籍，尤其是辩论、分析类书籍，可以帮助人们学会批判性思考，提升分析、质疑和推理能力，增强对事物的独立判断力。

1.17 助力心理健康和情感抚慰

阅读推广可以让更多人认识到阅读对心理健康的正面影响，因此可以作为一种积极的心理治疗方法。例如推广自助、心理学等类书籍能够帮助人们缓解压力，学习和掌握情绪管理的方法。

阅读推广还可以让人们在书籍中找到情感的支持，减少情感孤立。比如小说、诗歌、散文等作品能通过情感共鸣帮助人们缓解孤独感，找到情感上的安慰。

1.18 推动家庭阅读与亲子教育

阅读推广包括倡导家庭阅读，让阅读成为亲子互动的一部分。家长和孩子共同阅读，可以增进家庭成员之间的情感联系，培养孩子的阅读兴趣。

阅读推广也为儿童的早期教育提供了支持，通过推广适合不同年龄段的儿童读物，可以帮助孩子们在成长过程中尽早形成良好的阅读习惯，促进智力和情感的发展。

1.19 促进数字化阅读与信息素养教育

阅读推广在推动传统纸质阅读的同时，也可以引导人们接受、使用数字阅读设备。如电子书和数字图书馆等媒介能让更多人以低成本和方便快捷的方式获取知识。数字化阅读使得人们可以接触到的信息更加丰富，不过，信息质量参差不齐是客观存在的事实。而阅读推广能够帮助人们培养辨别信息真伪的能力，提升他们的信息素养。在网络化时代，这方面显得尤为重要。

1.20 促进个人与社会的文化创新

阅读能为个体提供思想的土壤，尤其是文学、艺术、哲学、科幻类书籍，能够给人们提供分析问题的新视角，进而激发出自身的创造力。阅读推广通过推动人们接触探索性、创新性内容，帮助个体发掘自身创意潜能。

同时，阅读推广能在社会层面上推动文化的多元化与创新，以阅读经典和前沿作品的方式，激发社会成员的创新活力，推动文化发展，为社会带来新的价值观和创新思潮。

1.21 助力语言学习和跨文化沟通

通过推广语言类书籍、外文原著和双语图书，会有更多的人在阅读中学习新的语言，增强语言技能。这对个人的发展大有裨益。

通过推广不同国家的文学、历史和哲学书籍，读者对不同文化背景的理解和包容度会相应得到提升，这有助于培养全球化视野和多文化交流能力。

1.22 推动社会公正与包容

阅读推广能让更多的人接触到社会上的弱势群体，参与关于社会边缘化群体问题的探讨，也能帮助人们理解不同阶层的生活和困境，增进他们对社会的包容性。通过阅读关于平等、权利、法律等方面的书籍，读者可以自觉增强对社会公正的理解，关注不公现象并培养社会责任感，这对于社会进步是大有益处的。

1.23 支持公共教育与文化惠民

在资源有限的地区，阅读推广尤为重要，通过提供免费的阅读资源、开展教育性活动，能够在一定程度上解决教育资源不足的问题，帮助人们通过自学提高文化水平。

阅读推广过程中，人们会通过建设乡镇图书馆、社区阅读空间等公共设施的方式，将阅读资源带到偏远或文化资源匮乏的地区，让更多人享受平等的文化服务。

1.24 推动家庭文化建设与代际传承

阅读推广可以使家庭成员共享阅读体验，建立共同的兴趣和价值观，从而使阅读成为一种家庭文化。它鼓励家庭内部的阅读活动，如家长给孩子讲故事、长辈给晚辈推荐书籍等，以此促进知识和价值观的代际传承，让家庭成员共同受益。

1.25 支持公民素质的全面提升

阅读推广能够让人们接触更多关于公共事务的知识，提高其对公共事务的理解能力，从而提升公民责任感。推广法律、经济、社会等方面的书籍，可以帮助公民了解并遵守社会规则，进而大大提高社会整体的素养。

1.26 拓展健康知识与促进生活方式转变

通过推广健康、医学、心理学类书籍，人们可以获得科学的健康知识，自觉遵循健康的生活方式，从而达到预防和减少疾病的目的。

推广一些生活类书籍，例如健康饮食、心理自助、运动指导等，能够帮助人们在阅读中逐步建立起更为健康的生活方式。

1.27 赋予城市文化形象与特色

一个城市通过举办书展、文化讲座、读书会等活动，能够形成独特的城市文化氛围，提升城市的文化能级和内涵。而阅读推广活动完全可以成为城市的文化品牌之一，如一些城市因承办大型书展、设计具有特色的图书馆主题活动或文艺活动而闻名于世。这些阅读推广活动甚至能吸引全世界的人们共同关注和参与，从而带动了当地文化旅游产业的发展。

1.28 提高自我表达与沟通技巧

阅读能帮助人们通过接触不同的写作和沟通方式提升语言表达能力。而阅读推广活动，尤其是交流类读书会和书评写作，能让人们学会更清晰、更自信地表达自己。通过阅读和讨论，读者能够练习倾听、回应和表达，从而提升人际交往中的沟通技巧。这对提升在职场和日常生活中的沟通能力大有帮助。

1.29 提升社会创新氛围和推动创业意识

推广科技、创新、创业类书籍能让人们尽早接触前沿知识和创新思想，进而增强对新技术、新发展趋势的理解。

推广成功创业故事和商业案例能激励人们树立创业精神、勇于开拓，通过阅读推广帮助社会形成创业意识，从而推动经济发展。

1.30 强化社会凝聚力与共同体意识

阅读推广活动，特别是读书会和社区阅读项目，能够促进社区成员的互动和交流，增强社区凝聚力。推广经典文学和历史著作则会让人们更加理解本民族的历史和文化，在全社会层面上形成文化认同感，促进共同体意识的建立。

总之，阅读推广是一个具有广泛社会效应的文化工程。它通过培育多元文化、提升公民素质、塑造家庭和社会文化传统、推动创新和社会包容等多种途径，不仅提升了个体的素养，还推动了社会的和谐、创新和进步。这种深层次的推动作用在现代社会中显得尤为重要，因此阅读推广也是人类社会发展和精神文明建设的关键环节。

阅读推广的意义不仅在于鼓励人们多读书，或是推动个人阅读习惯的养成，更在于帮助人们通过阅读认知自我、丰富生活以及提升素养。总的来说，阅读推广肩负着知识普及、文化传承、心理抚慰、创新驱动、社会治理等多方面的责任。它不仅是知识的传递方式，更是社会价值的塑造手段，具有深远的文化意义和社会影响。其核心目标是构建一个注重知识、尊重多元、推动个体与社会共同进步的文化氛围。终极目标则是培养一个爱读书、会思考的社会，为提升全人类的文化素养、道德品质、心理健康水平提供全方位的支持。

2. 为什么要进行阅读推广

阅读推广有着重要的意义，涉及个人成长、社会进步、文化传承、经济发展等多个层面。这些内容在上一节关于阅读推广的定义和作用中已经有所提及，所以以下仅做简要的补充和说明。

首先，阅读是获取知识的基本途径。通过阅读推广，人们可以系统性地接触到各类知识，丰富视野，拓宽思维，增强自身的知识储备。阅读促进了理解、分析、推理、批判性思维等多种能力的提升，这对于提升个人的智慧和应对复杂问题的能力至关重要。

其次，通过阅读推广，尤其是推广阅读社会、历史、法律等方面的书籍，人们能够更好地理解社会运行规则和公共责任，从而增强作为公民的责任感。推广这类著作，就能够帮助人们培养同理心、正义感和道德观，使社会整体素质得以提升，促进社会的和谐和文明。

再有，阅读推广为教育资源匮乏地区提供了获取知识的途径，帮助人们通过自学获得成长机会，缩小教育差距。阅读推广通过图书馆、社区读书会等形式，将知识资源带给更多人，使社会成员享受平等的阅读和学习机会。

此外，通过阅读推广，劳动者的知识水平和专业素养也得到了提升，使其在工作中更具创新性，进而为经济、社会发展提供助力。在知识经济的时代，阅读推广提高了人们的智慧和学习能力，为产业创新和升级、建立创新型社会提供了智力支持。

阅读推广活动还可以增进人们的交流和互动，即使之通过阅读体验形成情感共鸣，进而增强社会凝聚力。阅读促进理解和包容，通过普及人文、社会学、历史等书籍，可以使人们更理解彼此，减少分歧与对立，营造和谐的社会氛围。

阅读推广通过推动公共图书馆、书店等设施的建设，提升了公共文化服务的水平，为社会提供了更丰富的文化资源。阅读推广过程中那些免费或低成本的阅读活动，在一定程度上实现了文化资源的共享，让更多人感受到了文化的熏陶。

现代人在社交媒体、短视频等大量碎片化信息的影响下，注意力难以保持集中的状态。而阅读推广可以通过倡导深度阅读等方式帮助人们专注于系统性知识，避免被过度的碎片化信息所影响。阅读推广还能引导人们更有意识地去寻求完整的信息、搭建系统的知识结构，帮助其抵抗浮躁的快餐式信息消费文化，保持心态的平和和思维的逻辑性。

同时，推广逻辑学、哲学、心理学等书籍，能够帮助人们增强分析和解决复杂问题的能力。这些图书能给人们带来问题的多种解决思路，使其面对挑战时更能灵活应对。现代社会充满变化和挑战，阅读推广可以引导人们通过阅读去更好地理解经济、社会、科技等变化趋势，进而提高面对变革的适应力和抗压能力。

此外，阅读推广会鼓励人们通过书籍反思自我和思考社会问题，从而激发出人性中的善意与关怀，增强人们对弱势群体的关注。阅读推广还会通过分享阅读感受和生活经验等方式帮助人们找到彼此的共同点，营造出更富人文关怀的社会氛围。

最后，阅读推广会使更多人在书籍中找到能与自己形成共鸣的价值观和思想，形成更加积极、向上的社会心态，进而提升整个社会的精神文明水平。推广经典文学、哲学、历史等书籍达到一定程度之后，社会便能形成浓厚的文化底蕴，因此这些书籍是社会的公共文化财富，为社会成员提供丰富的精神食粮。

进行阅读推广不仅关乎个人的成长和进步，更是推动社会多元化发展、保持文化传承、促进社会文明发展的重要途径。阅读推广通过丰富多样的形式让阅读深入人心，使其成为个体与社会共同进步的动力。它不仅帮助个体获取知识、舒缓情绪，也会让社会成员之间增强理解、构建一个和谐的社会共同体。总的来说，阅读推广是提升人类生活质量、推动社会全面发展的有效途径。

3. 阅读推广的模式

阅读推广的模式有很多种，组织者可以根据不同的推广对象、推广目的、推广场所和技术手段，采取灵活多样的方式来鼓励和支持阅读。以下介绍一些常见的阅读推广模式作为参考：

3.1 图书馆推广模式

图书馆是面向公众推广阅读的重要场所，通过在图书馆开展读书会、讲座、沙龙等活动，可以让读者在互动中增加阅读兴趣，丰富阅读体验。图书馆里常使用的新书、主题书单推荐，陈列展示等方式，能帮助读者找到合适的书籍，激发他们的阅读兴趣，带领他们多读书、读好书。

在偏远地区或书店较少的地方开展的流动图书馆或书箱服务，可以将阅读资源带到社区、乡村和学校，弥补当地阅读资源不足的短板。

3.2 学校推广模式

学校可以借助组织阅读课程、阅读比赛、读书分享会等活动，将阅读融入教育教学当中，激发学生的阅读兴趣。例如安排教师根据学生年龄和能力向他们推荐合适的书籍，并提供阅读指导，帮助学生理解书籍内容，逐步培养他们的阅读兴趣和阅读能力。

学校也可以与家长合作，通过家庭阅读活动、亲子读书会等形式，鼓励家庭成员一起阅读，增进亲子关系，同时培养孩子的阅读习惯。

3.3 社区推广模式

社区工作中，管理者组织居民定期开展读书会、阅读沙龙，提供读书交流平台，可以使阅读成为邻里间的社交活动，增强社区成员的凝聚力。管理者在社区内设置阅读角或阅读室，为居民提供舒适的阅读环境，能引导居民在日常生活中养成阅读习惯；在社区内设置共享书架或迷你图书馆，让社区居民免费借阅和分享书籍，则能营造邻里互助的阅读氛围。

3.4 线上阅读推广模式

通过推广电子书平台和数字图书馆，可以使读者随时随地访问互联网上的阅读资源，从而增加阅读的便捷性。线上阅读的组织者可以利用微博、微信、抖音等社交媒体发布书评、推荐书单和读书感悟，吸引更多人参与阅读讨论，还可以通过在线读书会、直播分享、视频讲解等形式，让读者之间在线互动交流。这些方式减少了时间和空间对阅读的限制，可让更多人参与到阅读活动当中。

3.5 文化活动和图书节推广模式

举办书展、图书节等大型活动可以集中展示图书，提升作者作品的影响力，从而吸引大众关注和参与阅读。书店或出版社邀请作家举行签名会、新书发布会，能让读者有机会近距离接触作家，激发他们的阅读兴趣。当然，也可以通过邀请名人或知名作家访谈等方式进行读书分享，利用名人效应吸引大众关注和参与，从而让更多人爱上阅读。

3.6 企业支持与公益阅读推广模式

许多企业会在办公地点设置图书角，鼓励员工利用闲暇时间进行阅读。有的企业则会通过组织职场读书会来提升员工素质，增强团队的凝聚力。这是一种非常值得推广的模式，并且简单、易行。企业和公益组织还可以通过捐赠图书、资助偏远地区建设图书室等方式，为更多人提供阅读资源，支持欠发达地区的文化工作。

此外，企业可以通过赞助书展、文学节、读书会等阅读活动，利用企业资源推广全民阅读，这既增强了阅读的社会影响力，同时也为企业自身做了宣传，一举两得。

3.7 家庭阅读推广模式

日常生活中，家长可以通过为孩子挑选合适的书籍、亲子共读等方式，培养孩子的阅读习惯，使阅读成为家庭文化的一部分。家庭成员还可以定期共同阅读，例如约定一个家庭读书日，全家一起沉浸在阅读中，既收获了知识，又促进了家庭成员间的情感交流。此外，家长自身的阅读实践也能为孩子树立榜样，营造积极的阅读氛围，让孩子从小受到阅读的熏陶，养成强烈的求知欲和上进心。

3.8 儿童和青少年阅读推广模式

针对低龄儿童，家长和老师可以通过阅读绘本故事会、角色扮演等形式激发孩子的阅读兴趣，让他们在游戏中接触和喜欢上阅读。在推荐书籍时，应当根据孩子的年龄和能力差异提供适合他们阅读的书单，从而帮助孩子逐步提升阅读能力。

针对青少年，家长和老师可以通过举办书评比赛、写作比赛等活动鼓励他们撰写读书心得体会，以此增强他们的阅读兴趣和提高理解能力。

3.9 跨界合作的联合推广模式

例如在生活中可以经常见到书店与咖啡馆、茶馆合作，打造"阅读＋咖啡"或"品茗＋阅读"的体验空间，这样的形式既带来了经济效益，也为更多人提供了良好的阅读条件。

又如在当下通过影视、动漫改编等方式将文学作品搬上银幕已经成为一种潮流，而这在无形中也起到了阅读推广的作用，可以吸引更多年轻人关注经典书籍和文学作品，扩大它们的受众群体。

3.10 数字化与智能化阅读推广模式

借助智能书架、电子书阅读器等设备，数字化阅读将为更多读者提供更智能便捷的阅读体验。它们可以利用人工智能技术分析读者的阅读习惯和偏好，进而为其推荐个性化的书单，帮助他们更轻松地找到感兴趣的书籍。

通过 VR 和 AR 技术建构的虚拟化阅读场景，可以让读者以互动的方式参与阅读，这些手段特别适合推广历史、地理、科普等类型的内容。

为儿童和青少年推出的互动电子书或阅读类游戏，通过将阅读与游戏融合，增加阅读的趣味性，激发他们的阅读兴趣。

利用 AI 技术开发出的伴读助手能为读者提供实时解答、词汇解释或阅读建议，增强阅读的互动性。

3.11 书评与出版平台推广模式

目前常见的书评推广模式主要是像豆瓣、Goodreads 等在线书评网站采用的书评、评分系统、推荐榜单等方式。它们可以帮助读者发现优质书籍，吸引更多的人参与阅读。

一些出版平台通过主题出版、限量版书籍、经典书籍再版等方式吸引读者，营造阅读热潮，提高人们的阅读兴趣。同时，出版平台通过出版译作、小语种著作，可以推广不同国家的语言和文化，进而增加人们对多元文化的关注度。

当然，还有一些创新的、针对特定人群或特殊需求的阅读推广模式。以下简单举例：

3.12 职场阅读推广模式

它指的是针对特定职业或专业，如管理、金融、会计、工程等等，组织从业者定期研读行业内的书籍，分享经验和见解，帮助他们提升专业素养。

行业协会或企业可以定期发布推荐书单，聚焦行业最新动态、趋势分析、实用技能等，帮助从业人员在工作中持续学习。

企业也可以将阅读纳入培训体系，通过安排员工阅读指定书目，并在团队中分享心得，提升他们的专业知识水平和工作效率。

3.13 少数民族与多语种阅读推广模式

在少数民族聚居区，图书馆、社区中心等组织可以为具有多语言背景的读者提供需要的书籍，使少数民族能便捷地获得包括使用汉语、本民族语言的阅读资源。专门针对少数民族的阅读推广项目，还应当聚焦少数民族地区的文学、文化、历史，帮助他们了解、传承、发展自己的文化。

通过制定跨文化书籍交流计划，可以促进不同文化背景的读者相互推荐书籍，了解彼此的艺术、历史，推动跨文化交流。

3.14 特殊需求人群的无障碍阅读推广模式

图书馆、公益组织应当为视力障碍人群提供盲文书籍和有声书籍，或通过有声书平台为有特殊需求的人提供无障碍阅读资源。针对视力较弱的读者，可以指导他们使用大字书籍和适应性阅读设备，让他们可以更方便地阅读。

这些组织也需要为那些心理康复患者、老年人或有长期病患者推荐心理学或励志书籍，或为他们定期组织疗愈阅读活动，帮助其在阅读中获得情感抚慰。

3.15 主题性阅读推广模式

图书馆、文化部门可以通过每年举办不同主题的书展，围绕环境、科技、人文、社会问题等主题推荐书籍，集中展示特定主题的书籍，从而吸引对特定领域感兴趣的读者。

也可以在特定节假日，如世界读书日、国庆节、母亲节、儿童节等，组织相关主题书籍的推荐活动，借助节日的氛围推广阅读。

此外，还可以围绕某一主题组织一系列的读书会和讲座活动，例如心理健康月、科普教育周等，让人们通过阅读深入理解相关主题。

3.16 文旅结合的沉浸式阅读体验推广模式

文旅部门可以推出与文学作品相关的旅行路线，让读者与作品完成"跨时空交流"，在作品所描述的实际场景中体验故事内容，从而加深对作品的理解和共鸣。让人们在旅行中体验阅读的乐趣可说是一个极具创意的推广模式。

也可以在历史遗址、博物馆等文化场所推荐与该场所历史或文化相关的书籍，使参观者在旅行中融入阅读体验。

此外，还可以建立以阅读为核心的度假村或小镇，通过提供丰富的阅读设施和自然环境，吸引书迷在放松的环境中进行深度阅读。

3.17 读者自发组织的民间阅读推广模式

阅读爱好者们可以围绕自己的阅读兴趣组织线下读书会或网络读书群，在读书会或在线群组里定期就某一本或某个主题的图书展开讨论和分享，这样一来会形成民间的阅读推广网络，吸引更多人加入阅读。

也可以利用个人博客、YouTube 频道、社交媒体等平台，通过视频、音频或文字形式分享书评和阅读体验，吸引粉丝参与阅读讨论。

此外，还可以自发组织一些书籍交换活动，让爱书者将闲置书籍进行分享和流通，增加书籍的使用率，拓展它们的传播途径。

3.18 地方性和区域性阅读推广模式

各地文化部门可以围绕本地作家和文艺作品开展阅读推广活动，通过推荐地方性书籍，增强人们对当地文化的认同感。

图书馆和书店也可以定期推荐一些本地历史、文学、文化类书籍，帮助读者了解自己所在区域的历史与文化。

此外，有关部门可以在城市或乡村设立书籍漂流站，倡导居民将自己的书放入漂流站中共享，或借走他人放置的书籍，从而促进区域内的阅读风气。

3.19 社交平台与网络阅读社区模式

社交平台可以通过发起"每月一本书""读书打卡""阅读马拉松"等读书活动，让读者根据自己的实际情况设定阅读目标，同时，平台还可以利用分享进度等形式增强活动的挑战性和趣味性，帮助读者形成良好的阅读习惯。

网络读书论坛和书评社区管理者可以建立书评论坛和交流平台，让读者在平台上发表书评、与他人交流心得，进而形成开放的读书社群。

3.20 跨学科与跨领域的联合推广模式

图书馆可以与科研机构合作，共同推荐学术书籍、科学杂志，让研究领域的前沿动态与大众阅读结合，提升普通读者的学术素养。

心理咨询机构、医院则可以与图书馆或书店合作，推广医学、心理学类书籍，通过专业指导帮助有心理需求的人群在阅读中找到安慰。

还有一种文艺与科技融合的跨界推广模式，即将音乐、戏剧、电影等艺术形式与阅读推广结合，通过组织这些领域的活动一并宣传相关的书籍，实现文化艺术的多元传播效果。

3.21 企业与品牌的阅读推广模式

企业可以与出版机构或书店合作，推出专属的书籍推荐清单，或定制的书籍包装，吸引消费者关注阅读。企业也可以以公益名义资助阅读推广活动，例如向偏远地区捐赠图书、资助贫困学生购书等，这类活动不仅推广了阅读，也提升了企业品牌的社会影响力。

企业还可以为员工提供购书津贴、书籍租赁等福利，或制订阅读成长计划，鼓励员工通过阅读来提升自身素养。

总的来说，阅读推广的模式可以根据具体情况和目标人群进行创新和优化，无论是公共场所、数字平台，还是每个家庭都能找到合适的推广模式。阅读推广模式的多样化既能帮助人们便捷地获取图书资源，又能让阅读成为社会文化生活的重要组成部分。这些多渠道、多形式的推广方式不仅满足了不同群体的阅读需求，也为社会整体素养的提升和文化的多样性做出了重要贡献。

4. 根据读者需求进行阅读推广的路径

根据读者的需求进行阅读推广，可以通过深入了解目标读者的阅读偏好、生活方式、职业类型、兴趣领域，制定个性化、多元化的推广路径，从而提升推广的有效性。以下是一些根据读者需求进行阅读推广的路径：

4.1 基于年龄和成长阶段的阅读推广

4.1.1 针对儿童与青少年的推广

针对儿童和青少年，可以设计趣味性强、视觉吸引力高的阅读推广活动，例如组织绘本故事会，推荐青少年冒险小说、科学启蒙读物等，通过提供互动性强的活动，增加他们对阅读的兴趣。

4.1.2 针对大学生与青年人的推广

可以根据大学生和年轻人的需求，推广与职业规划、个人成长、心理健康、文学艺术等相关的书籍，例如推荐能d提升职场技能的书单、开展青年成长故事分享会等，为他们的职业发展、日常生活和心理健康提供支持。

4.1.3 针对中老年读者的推广

针对中老年读者，可以围绕他们关注的健康、养生、旅行、历史等主题开展书籍推荐和相关活动，例如举办健康养生讲座、历史阅读沙龙等，从而满足他们的兴趣需求。

4.2 基于兴趣爱好的个性化阅读推广

4.2.1 推荐兴趣书单

根据不同人群的兴趣爱好设计阅读书单，例如"旅行爱好者必读""厨艺书单""园艺爱好者推荐"等，让读者能迅速找到契合自己兴趣的书籍。

4.2.2 举办兴趣群体的专属读书会

根据不同人群的兴趣爱好设立主题读书会或阅读小组，例如科幻、历史、艺术等，吸引兴趣相似的读者参加，形成志趣相投的阅读社群。

4.2.3 举办基于兴趣的互动体验活动

诸如在科幻电影节或艺术展览中设立与活动主题相关的书籍展示区，推广与活动主题相关的书籍，将读者兴趣与阅读相结合，以互动的方式增强体验感。

4.3 根据阅读水平和能力的阅读推广

4.3.1 根据受众文化修养的层次进行阅读推荐

为不同阅读水平的读者提供适合的书单，例如对于儿童、青少年、外语学习者等而言，应让他们根据自身能力选择书籍，逐步提高其阅读能力。

4.3.2 提供阅读指导与解析

针对经典文学、哲学等较难理解的书籍，为读者提供配套的阅读指导、解析文章或视频，从而帮助他们更好地理解书籍的内容，增强阅读信心。

4.3.3 设计逐步进阶的阅读路径

为有兴趣深入了解某一领域的读者设计系列书单，帮助他们从入门到深入，循序渐进。比如，对于想学习心理学的读者，可以先为他们提供心理学入门书单、心理学经典书籍导读，进而逐步引导他们由浅入深。

4.4 形式相对灵活的阅读推广

4.4.1 注重碎片化阅读

向阅读时间较少的读者推荐短篇小说、散文集或微型科普读物等，可以让他们利用碎片时间阅读，轻松获取知识。

4.4.2 提供随身携带的便捷阅读资料

推广电子书、听书、微阅读等方式，可以让读者在通勤、运动、从事简单重复劳动的同时也能阅读。

4.4.3 进行小型书和口袋书的制作与推荐

为生活繁忙的读者推荐便于随身携带、随时阅读的小型书籍或口袋书，可以让阅读更便捷地参与到他们的生活当中。

4.5 基于文化背景和语言需求的阅读推广

4.5.1 推荐不同语言、语种的书籍

根据读者的语言背景，推荐不同语言的书籍或阅读材料，满足读者的阅读需求。例如在多元文化社区提供不同语种的书籍，可以吸引不同文化背景的人群参与阅读。

4.5.2 举办跨文化阅读推广活动

通过推荐介绍其他国家和文化的文学、历史书籍，可以帮助读者建立跨文化理解，拓宽全球视野。这尤其适合喜欢旅行或对多元文化感兴趣的读者。

4.5.3 推广地方特色与本土文化

可以为对本地历史文化感兴趣的读者推荐地方历史、民俗书籍，或者举办地方作家作品展，满足读者的兴趣和需求。

4.6 根据阅读目的和学习需求的功能性阅读推广

4.6.1 根据职业特性组织职场阅读推广活动

针对职场人士的学习需求，向其推荐商业管理、领导力、职场沟通等相关书籍，帮助他们在工作中成长和提升，增强其工作应对能力。

4.6.2 组织备考和自我提升类阅读推广活动

向有升学、自我提升等需求的读者提供考试参考书、自我提升、语言学习等功能性书籍，帮助他们通过考试、提升自我。

4.6.3 技能提升与兴趣扩展

针对人们的技能学习需求，推荐例如烹饪、摄影、园艺等生活技能类书籍，满足他们提升生活质量的愿望。

4.7 基于情感支持和心理需求的阅读推广

4.7.1 针对需求人群推荐疗愈类书籍

根据读者的情感和心理需求，推荐心理学、励志、自助类书籍，为有心理困扰或情绪压力的读者提供心灵支持。

4.7.2 针对存在心理问题甚至心理疾患的群体组织阅读活动

向感觉到孤独、焦虑的读者推荐温暖治愈的小说、散文等书籍，引导他们在阅读中寻求情感上的支持和共鸣。

4.7.3 举办"书籍治疗"和心理疏导活动

通过组织"书籍治疗"小组、心理阅读沙龙，让阅读成为一种有效的心理疗愈方式。

4.8 基于互动性和社交需求的阅读推广

4.8.1 组织社交类读书会

组织读书会或阅读沙龙，满足喜欢社交的读者的需求，让他们通过阅读建立联系，形成共享阅读体验。

4.8.2 搭建线上交流平台

为喜欢在网上分享和讨论的读者提供线上阅读交流平台，引导他们通过社交媒体分享读书感悟，从而增强阅读的互动性。

4.8.3 制定共读计划与组织阅读挑战类活动

通过发起例如"30天阅读挑战"或"年度共读书单"等活动，用共同的阅读目标和激励机制，激发读者兴趣并提升其参与感。

4.9 基于知识拓展和深度学习的阅读推广

4.9.1 推荐多学科知识书单

为有深度学习需求的读者提供多学科书单，鼓励他们探索新的领域，如经济学与社会学、科技与哲学等，帮助读者拓宽知识边界。

4.9.2 针对受众组织系统化专题阅读

围绕某一专题，为读者提供成体系的阅读书单和指导，帮助他们深入了解特定领域的知识，例如人类学、人工智能、环境保护等等。

4.9.3 组织线上讲座和深度学习班

组织线上读书讲座或深度学习班，为有学习需求的读者提供学习支持，帮助他们更快地掌握书籍里的内容。

4.10 基于家庭成员的亲子和家庭阅读推广

4.10.1 举办亲子阅读活动

通过组织亲子阅读活动，向不同年龄段儿童推荐适合阅读的书籍，鼓励家长和孩子共同参与阅读，增进家庭关系。

4.10.2 制定家庭共读书单

推荐适合家庭成员一起阅读的书籍，如儿童文学、寓言故事、励志书籍等，用阅读促进家庭成员之间的感情，帮助他们实现共同进步。

4.10.3 提供家庭阅读角或书架的设计模板

推广家庭书架的设置，为家庭成员营造更好的阅读环境，帮助他们将阅读打造成为家庭文化的一部分。

4.11 基于生活和社会等专题的阅读推广

4.11.1 推荐以环保与可持续发展为主题的图书

向关注环保事业的读者推荐环保、可持续发展类书籍，让他们从阅读中加深对环境保护的认识。

4.11.2 推荐社会话题类书单

为关注社会问题的读者提供专题书单，如推荐关于社会平等、正义、科技伦理等内容的书籍，帮助他们从多角度深入理解社会议题。

4.11.3 推荐心理健康与情绪管理类图书

针对人们的心理健康需求，推荐情绪管理和心理健康类书籍，帮助读者在阅读中获得心理疏导和安慰。

4.12 基于数字化需求的便捷式阅读推广

4.12.1 推荐数字阅读平台

为喜欢电子书或喜欢听书的读者推荐优质数字阅读平台，并指导他们如何更好地利用碎片化时间进行阅读。

4.12.2 推荐基于个性需求的数字书单

借助数据分析和人工智能技术分析读者阅读偏好，向他们推送感兴趣的阅读内容。

4.12.3 建立线上阅读计划和阅读记录模板

引导读者利用数字化工具记录阅读进度、设置阅读目标，使阅读过程更加系统和更能让人获得成就感。

4.13 基于体验感的阅读推广

4.13.1 搭建沉浸式阅读空间

打造特定主题的沉浸式阅读空间，如复古文学角、科幻宇宙区、自然探险主题区等，让读者在特定氛围中更深切地体验书籍的内容。

4.13.2 组织情景式读书会

根据书籍内容设计情景式读书会，例如在户外共读生态类书籍，或在美术馆内讨论艺术类书籍，让读者利用情境理解书中的内容。

4.13.3 提供互动体验类书籍

带有游戏、AR等互动功能的书籍能增强阅读的趣味性和互动性，尤其适合儿童和青少年群体。

4.14 基于自我成长和提升的目标导向型阅读推广

4.14.1 制定读书目标与规划

帮助读者设立个人阅读目标，如一年读完10本书、半年读完某套系列书籍等，并为其提供相应的书单支持，督促其按时完成进度。

4.14.2 制定个性化成长书目单

根据读者的自我成长需求，推荐不同领域的书籍，如职场进阶、自我管理、财务规划等，帮助他们设立明确的成长路径。

4.14.3 倡导阅读书籍笔记和写作计划

鼓励读者在阅读后记录心得、写读书笔记，撰写书评或书摘，通过记录和写作帮助他们增强理解和记忆，实现深度阅读。

4.15 基于新媒体与跨平台协作的阅读推广

4.15.1 组织多平台协作推广

与社交平台、流媒体广泛合作，在视频、播客等新媒体平台上推出书籍推荐栏目，覆盖不同媒体偏好的读者群体。

4.15.2 知识付费课程与阅读结合

将书籍内容与知识付费课程结合，例如提供某本书的精读课程、专题解读课程等，让读者通过听课与阅读双重方式深入理解书籍。

4.15.3 组织跨界合作与联名推广

与影视、音乐、游戏等行业进行跨界联动，推荐与热门影视剧、音乐作品相关的书籍，引导观众在读书中进一步探索影视或音乐作品背后的知识。

4.16 基于社会热点事件的阅读推广

4.16.1 制定与时事热点相关的书单

根据社会热点或当前突发事件推荐相关书籍，如当国际事件、自然灾害或社会成员集中讨论的话题出现时，第一时间推送相关领域的书籍，让读者从专业角度对其加以理解。

4.16.2 组织节庆和纪念日推广

在重要的节日、纪念日（如世界读书日、世界环境日等）推荐相关主题书籍，以此为契机帮助读者增进对特定话题的了解。

4.16.3 组织专题读书会

围绕某一社会热点事件组织专题读书会，如气候变化、公共健康等，让读者在讨论中加深对热点事件的理解。

4.17 基于职业角色和职场需求的阅读推广

4.17.1 面向各行各业提供书单

针对不同职业群体推出量身定制的职业阅读书单，如教师的教育学书单、企业管理者的领导力书单、程序员的技术进阶书单等等。

4.17.2 举办职业成长读书营

组织针对职业发展的短期读书营，设置一系列与职业发展相关的书籍及讨论环节，通过阅读帮助参与者实现职业进阶和技能提升。

4.17.3 组织社交型读书会

为职场人士在工作之余组织社交型读书会，尤其是同事之间的读书沙龙，让阅读成为团队成员互动和了解的纽带，这有助于构建和谐的职场人际关系。

4.18 基于读者参与和互动反馈的阅读推广

4.18.1 与读者共创书单

邀请读者参与书单推荐工作，让读者提出自己喜欢的书籍，并在图书馆、书店设立"读者推荐专区"，增强读者在阅读推广活动当中的参与感。

4.18.2 建立用户评分与书籍推荐系统

通过分析阅读平台的评分、评论，为读者自动推荐高评分或其他用户喜爱的同类书籍，提高推荐的精准性和互动性。

4.18.3 倡导阅读打卡与反馈分享

引导读者通过每日打卡等形式记录阅读进度，并鼓励他们分享心得体会，在营造良好互动氛围的同时帮助他们形成好的阅读习惯。此外，读者们的反馈还可以对图书推荐起到改进、提升的作用。

4.19 基于探究与深度理解的阅读推广

4.19.1 组织学术型读书会与专题研讨

开展深度专题研讨或读书会，集中讨论特定学科或特定主题，可以吸引更多人关注学术话题，也可以帮助已经有一定基础的读者实现进一步提升的目标。

4.19.2 打造书籍与论文相结合的推广形式

推荐相关领域的经典书籍和最新研究论文，可以帮助读者从宏观和细节同时思考某一问题，进而加深对它的理解和认识。

4.19.3 举办集体研读与专家解读活动

针对难度较高的书籍，可以邀请专家或学者进行在线解读，或安排集体研读活动，帮助读者深入剖析复杂的理论和知识细节。

4.20 基于城市或区域特色的阅读推广

4.20.1 制定本地历史和人文书单

围绕城市或区域的历史和人文特色，设计地方性书单，推荐本土作家的作品或与本地历史文化相关的书籍，增进读者对地域文化的认同感。

4.20.2 让本地文化节与阅读推广相结合

在地方节庆（如丰收节、泼水节、藏历新年等等）期间，推广与之相关的书籍，通过文化节活动吸引读者关注本地历史和传统。

4.20.3 在知名地点举办读书活动

在城市的著名文化地标、博物馆或大型景点举办阅读活动，可以借助场地特有的文化氛围和环境吸引读者参与。

4.21 基于社区互动的阅读推广

4.21.1 制定和推行邻里共读计划

在社区内推出邻里共读计划，鼓励邻里间互相推荐书籍或分享阅读心得，增进社区成员之间的互动与交流。

4.21.2 社区读书角与书籍漂流站

在社区设置读书角或书籍漂流站，让社区成员可以自由分享和交换书籍，营造社区内的书香氛围。

4.22 基于教育体系和终身学习的阅读推广

4.22.1 把学校教育和社区学习中心相结合

可以将阅读推广融入学校课程或社区学习活动当中，建立起覆盖从青少年到成人，致力于终身学习的阅读推广模式。

4.22.2 制定课外阅读计划和积分制度

学校可以为学生制定课外阅读计划，并设置阅读积分，鼓励学生在课堂之外扩展知识，培养良好的阅读习惯。

4.22.3 举办针对退休人群的读书会

为退休人群或有兴趣学习的读者设立读书会，向其提供包括经典文学、历史、养生等不同类型的书籍，用阅读帮助他们充实生活、陶冶情操。

4.23 基于心理调适和情感支持的阅读推广

4.23.1 面向有需求人群推荐心理关怀类书籍

针对有心理困扰或压力较大的读者，推荐心理学、情感疏导、自我成长类书籍，为他们提供支持。

4.23.2 建立心理康复阅读小组

在医院或心理康复中心建立小型阅读小组，组织患者共同阅读疗愈类书籍，通过阅读帮助他们舒缓情绪，早日恢复健康。

4.23.3 制定情感共鸣与陪伴型书单

通过提供温馨、治愈的书单，如散文集、感人小说、诗集等，帮助读者在情感上获得共鸣和安慰，减少负面情绪。

总的来说，根据读者的需求定制阅读推广的策略，能够更有效地激发读者的阅读兴趣和参与度。在考虑到读者的年龄、兴趣、生活方式、职业类型、学习需求、心理需求等因素的前提下设计多样化、个性化的推广活动，能让阅读更加贴近生活，真正满足每个人的需求。这种以读者需求为导向的推广路径能够帮助更多人发现阅读的乐趣和价值，推动全民阅读文化的普及和深化，让阅读真正融入个人成长和社会生活之中。

5. 阅读推广的组织主体

阅读推广的组织主体十分丰富，包含了政府、教育机构、公共图书馆、文化企业、社区组织以及个人等。这些主体在进行阅读推广工作时各有侧重，也各有独特的推广方式。经过它们的共同努力，必然能构建起全民阅读推广的大网络。以下就主要的阅读推广组织主体及其作用做简单介绍：

5.1 政府与公共部门

各级政府的文化主管部门通常是阅读推广的主要推动者和责任方。它们主要是通过制定阅读推广政策、设立专项资金、组织开展全民阅读活动等方式支持阅读推广工作，如制定全民阅读政策、创立文化惠民工程等等。

公共图书馆是阅读推广的重要执行机构，它们通过提供阅读资源、组织读书活动、设立流动图书馆等方式，让更多人享受到公共阅读服务，进而推动了全民阅读的实现。

教育主管部门通过将阅读纳入学校教育体系，即要求学校将阅读融入教育教学活动，并倡导学校通过组织阅读课程、课外读书活动、书评比赛等多种形式培养广大学生的阅读习惯和能力。

5.2 学校与教育机构

中小学和高校是培养阅读习惯的重要场所，校内图书馆建设、设立阅读课程、组织读书会等方式，能帮助学生在校期间养成良好的阅读习惯。

阅读培训机构通过提供专门的阅读课程，致力于培养学生的文字理解能力和阅读技巧，尤其是在分级阅读、语言学习方面具有重要作用。

早教机构和幼儿园在儿童早期阅读推广中能发挥关键作用，亲子阅读、绘本阅读等方式可以帮助儿童从小培养对阅读的兴趣。

5.3 公共图书馆和社区图书馆

省市级和地方图书馆为包含不同年龄、职业、群体在内的大众提供广泛的阅读服务，包括提供大量免费阅览的纸质书籍和电子书，积极组织阅读推广活动，开展全民阅读活动等等。

社区图书馆面向周边居民提供便捷的借阅服务，通过组织邻里共读、社区书友会等活动，让阅读成为社区文化的重要组成部分。

流动图书馆主要面向偏远地区或资源不足的社区，通过提供流动图书车、移动书箱等服务，将阅读资源带到更多人的身边。

5.4 出版社与书店

出版社通过策划主题书单、组织新书发布、作家见面会等活动推广阅读，传播文化知识，扩大书籍的影响力。

实体书店与连锁书店是人们接触书籍的重要场所，由他们牵头发起的签售会、书籍展览、读书沙龙等活动可以吸引顾客，并为其提供阅读推荐、书单指导等服务。

电商平台（如当当、亚马逊等）和线上书店通常通过书评、推荐系统、打折促销等方式推动阅读推广，并为读者提供便捷的购书渠道。

5.5 文化企业与公益组织

一些文化公司会通过举办文学奖项、出版文化刊物、制作文学节目等形式推广阅读，在提升自身影响力的同时吸引更多年轻群体关注阅读。

公益基金会和非营利组织通过图书捐赠、偏远地区图书室建设、贫困儿童阅读资助等方式，帮助资源匮乏地区的人们接触书籍，推动文化公平。

一些专门的阅读推广机构，如读书会运营公司、阅读推广培训公司等，则专注于为学校、企业、社区提供系统化的阅读推广方案和服务。

5.6 社区与社会组织

社区服务中心是居民生活的中心，通过设立社区阅读角、举办邻里读书会、组织家庭阅读推广等形式，让阅读融入居民的日常生活，增进邻里交流。

一些志愿者组织也会开展图书分享、阅读辅导、支教服务等公益性活动，帮助偏远或教育资源匮乏地区的人们获得阅读资源。

自发性或半官方的读书会是阅读推广的重要主体之一，通过定期聚会、在线读书交流、书籍推荐等方式，促进成员之间的阅读分享和思想碰撞。

5.7 传统媒体与新媒体平台

报纸、杂志、电视等传统媒体通常通过开设读书栏目、刊登书评、制作阅读专题节目等方式，宣传阅读的价值，引导社会关注阅读。

微博、抖音、小红书等社交媒体平台则大多以短视频、图文推荐等便于传播的形式呈现阅读内容，并吸引更多年轻人关注阅读。

知识付费平台（如得到、樊登读书会等）通过付费课程、音频解读等形式，向人们推广经典书籍和新书知识点，以便捷的阅读方式适应了快节奏生活的需求。

5.8 家庭与家长群体

对于一个家庭而言，共同阅读、设立家庭读书日、建立家庭书架等方式，都可以帮助成员迅速养成阅读习惯。

家长在家庭阅读推广中起到至关重要的作用，例如一些家长联合组织的亲子读书会、家庭书友群等，不仅为孩子们创建了共同阅读的环境，还增加了阅读的互动性和趣味性。

一些早教机构和亲子阅读推广中心，专门为家庭提供早期阅读指导，帮助家长掌握科学的亲子阅读方法，培养儿童的阅读兴趣。

除了政府、教育机构、图书馆、书店等主要的推广主体，还有许多跨行业、跨领域的组织和个人也参与到了阅读推广活动当中。从文化艺术到商业品牌、从社交平台到社区志愿者，这些主体使得阅读推广得以在各种场合中多渠道、多角度地展开，也使得阅读推广成为一种跨界、多元的社会现象。这种多主体的协同参与，为全民阅读的普及和发展提供了坚实的支持，以下简单举例：

5.9 企业与行业协会

企业通过设立图书角、组织职场读书会、提供员工购书津贴等方式，鼓励员工在工作之余不忘阅读，不断提升员工的职业素养和知识水平。

一些职业社群、行业协会通过推荐书单、组织行业读书会等方式，帮助从业者提升专业素养，推动行业内的知识传播。

一些企业与图书馆、书店、公益组织合作，通过赞助书展、读书会等活动履行自身的社会责任，而这在推广阅读的同时也扩大了企业的文化影响力。

5.10 个人阅读推广者与 KOL（意见领袖）

一些知名作家和学者可通过个人的影响力来推广阅读，推荐优质书籍，分享读书心得，引导大众对某些书籍和主题产生兴趣。

在网络平台上，通过发布书评、书单、读书视频吸引粉丝关注的阅读博主是阅读推广的重要个体力量，尤其对年轻读者群体影响力较大。

一些在社交媒体十分活跃的阅读爱好者可以通过分享读书感悟、阅读挑战等方式带动粉丝参与阅读活动，以此形成阅读热潮，从而推动网络阅读文化的形成。

一些文化学者、心理学家、历史学家等通过书籍推荐、阅读讲座等活动推广阅读，不仅为大众提供了专业的指导，还增强了阅读推广的学术性。

社交媒体中有影响力的 KOL 和网红通过分享书单、读书心得等吸引粉丝阅读，为阅读推广带来了年轻人更乐于接受的方式。

5.11 跨行业协作机构

文化旅游部门和景点合作，通过设计阅读主题旅行、在景区提供相关书籍、旅途中讲解历史背景等方式，可以让人们在旅游过程中享受阅读。例如在历史遗址设置陈列相关书籍的书架，可以更好地促进游客对其文化和历史的了解。

博物馆、美术馆等文化场馆可以结合展览主题提供相关的书籍和阅读材料，组织相关的读书会或文化讲座，使观众能够深入理解展品和艺术作品的内涵，达到文化普及的目的。

一些医院、心理康复中心可提供治疗性阅读服务，通过推荐疗愈类书籍、组织患者阅读小组，利用阅读来帮助患者早日康复。

5.12 科研机构和学术组织

科研院所或研究机构可以通过出版科普书籍、举办科普讲座、开放学术资源等方式推广阅读，提升全社会的科学素养和激发公众对科学的兴趣。

大学里的研究中心和学术学会可以通过组织专题阅读讨论、发布学术阅读书单等方式，将专业学术阅读推广给更广泛的读者，以帮助人们接触更高阶的学术知识。

学术期刊的编辑部门和专业出版机构可以通过出版高质量的学术书籍、编辑专题书单、组织读者活动，推广更为严谨和专业的学术阅读，服务爱好知识和科研的读者。

5.13 阅读推广联合会和联盟

一些地区或城市会设立由图书馆、书店、学校、公益组织、企业等多方组成的阅读推广联盟，多方共同推动全民阅读。这些联盟有助于整合资源，统筹规划，扩大阅读推广活动的规模和影响力。

一些国家或地区会通过阅读推广合作网络，加强不同地区间的资源互通和活动交流，实现更广范围的资源共享和联合推广。

国际阅读推广组织，如国际阅读协会（IRA）、联合国教科文组织等，则是通过出版全球性阅读报告、资助推广项目、组织国际阅读大会等方式，推动全球范围内的阅读推广。

5.14 非营利的文化基金与读书奖励项目

一些文化基金会有定期资助阅读推广项目的举措，例如资助优秀书籍的出版和建设乡村图书室，以此扩大阅读的覆盖面。例如，一些基金会会资助流动图书馆服务，以使阅读能够覆盖偏远或资源匮乏地区。

又如一些基金会或阅读推广组织会设立读书奖项或奖励计划，如设立优秀读者奖、举办书评比赛等，激励更多人参与阅读和写作活动，营造全民阅读的氛围。

一些专注于儿童教育的基金会则专门支持儿童阅读推广，通过赠送图书、建立学校图书馆、开展早期阅读活动等方式，帮助更多儿童获得早期阅读的机会。

5.15 跨界娱乐和艺术领域

影视公司通过将文学作品改编为电影、电视剧、纪录片等形式来推广阅读，引导观众去阅读原著，并借助影视的影响力扩大文学作品的影响。

音乐和艺术活动策划方通过举办音乐会、戏剧演出等艺术形式，将一些文学作品进行艺术化的演绎，从而吸引更多人对相关书籍产生兴趣。

游戏和互动媒体公司则会将经典文学作品改编为剧情游戏，以此增强玩家们对书籍情节的兴趣，通过游戏的方式让他们接触阅读，比如最近十分火爆的网络游戏《黑神话悟空》所带动的《西游记》阅读风潮就是比较成功的范例。

5.16 读者俱乐部与兴趣社群

一些热爱阅读的人经常会自发组织兴趣书友会、线上线下书友群，如科幻书友会、历史阅读群体等，这些兴趣社群通过自发的活动和分享，形成了影响力，推广了特定主题的阅读。

微信上的读书群组、知乎上的书评专题、微博上的阅读话题等社交平台上的兴趣小组也对于阅读推广有着不可替代的作用，读者通过加入这些社群，不仅能分享书籍和阅读感受，也会推动阅读成为日常生活中重要的社交活动。

一些线上共读平台也专注于为用户提供在线共读功能，通过设置共读日历、阅读打卡、讨论小组等功能，使更多人愿意参与和分享阅读过程。

5.17 企业团体和商业合作伙伴

非图书类商业场所，如咖啡馆、茶馆、餐厅、酒店等通过设置阅读角、合作举办读书活动等方式，使得顾客体验因阅读元素的出现而提升，也让阅读走进了更多生活场景。

一些企业与图书品牌合作，通过推出企业文化书籍、联名阅读产品，或是策划相关活动，将书籍与品牌文化相结合，进而达到阅读推广和品牌推广的双重目的。

一些企业会在内部设立职场读书会等组织，组织员工参与共读活动，并配有专业讲师或业务精英分享读书心得，这些举措 d 在推广阅读的同时还提升了员工素质。

5.18 社工与社区志愿者

社会工作者在工作中也会利用书籍来为帮扶对象进行情绪疏导和知识普及，特别是为儿童和老年人群体提供陪伴阅读、知识讲解等服务。

一些志愿者组织和支教团队等在乡村或偏远地区开展支教活动时会带去大量图书资源，为学生们开设阅读课程，帮助他们接触到更多的书籍和知识。

一些社区志愿者会定期组织免费读书会或儿童故事会，吸引社区成员尤其是家长带孩子参加，以此培养儿童的阅读兴趣。

5.19 非正式社交场合中的阅读倡导者

家庭成员与朋友口口相传也是阅读推广的重要方式，通过家人、朋友推荐书籍，分享阅读感受，可使阅读成为一种社交互动和共享体验。

一些民间的社交俱乐部，例如摄影俱乐部、户外运动俱乐部等，可以在活动间隙讨论、推荐书籍，从而在特定兴趣圈子里推广阅读。

一些在线二手书交易平台，例如多抓鱼、孔夫子旧书网等除了提供购买服务外，上面的书评、推荐板块也可以让读者在购书之外了解更多优质书籍，帮助他们多读书、读好书。

阅读推广的组织主体是多元化的，从国家到地方、从机构到个人，各类主体的参与为全民阅读营造了广泛的支持网络。这些主体各自发挥不同的资源优势，通过公共资源、文化活动、线上线下相结合的推广方式，让阅读渗透到社会的各个角落，推动全社会对阅读的重视。这种多方协同、共同推进的模式，有助于形成全民阅读的良好氛围，实现社会文化素质的整体提升。

6. 欧美国家怎样组织阅读推广

欧美国家的阅读推广体系起步较早，如今已相对成熟并且多样化，推动的主体涵盖政府机构、非营利组织、教育系统、图书馆、出版商和社区等等。以下简单介绍一下欧美国家常见的阅读推广组织方式和一些典型的活动形式：

6.1 政府与公共部门主导的全国性阅读推广

许多欧美发达国家都开展了全民阅读活动，鼓励全民参与阅读，如美国的"阅读是基本权利"（Reading is Fundamental）项目。如今，通过政府政策支持、政府专项资金投入推动阅读已成为欧美社会的共识。

1995 年，联合国教科文组织确定每年的 4 月 23 日为"世界读书日"（全称为世界图书与版权日）。大部分西方国家在这一天都会举办不同形式的阅读推广活动。此外，美国还设有"国家图书月"，由政府、公共图书馆和教育机构主导，集中组织读书会、作者见面会、公益讲座等活动，倡导全民阅读。

欧美发达国家大都非常重视儿童阅读教育，如美国的"头书计划"（Head Start Program）、英国的"书信计划"（Bookstart），政府和非营利组织还会合作为新生儿和学龄前儿童提供免费书籍和阅读指导，培养儿童的阅读兴趣。

6.2 公共图书馆系统的推广活动

美国和英国的图书馆系统每年都会举办夏季阅读挑战活动，鼓励儿童在暑假期间阅读书籍，并设立奖励制度，激励学生养成暑期阅读的习惯。

欧美其他国家的公共图书馆则会为家庭成员设置专门的阅读推广项目，如家庭读书日、家庭图书卡等，鼓励父母和孩子共同参与阅读。它们还会通过组织各种类型的读书会、专题讲座、作家见面会等活动，为人们提供一个社交和学习的空间，使阅读成为社区生活的一部分。

6.3 学校教育系统的阅读推广

欧美国家的学校推广分级阅读，将适合不同年级和知识水平的书籍纳入课程体系，帮助学生逐步提高阅读能力。许多学校还会制定"每周一本书"的读书任务，让学生持续接触各类书籍。

许多欧美的学校会定期组织阅读节、图书展销会等活动，邀请家长和社区成员参加，展示学生的阅读成果、开展阅读活动，形成学校和家庭之间的阅读互动。

美国还设立了"加速读书计划"（Accelerated Reader Program）等项目，通过阅读后答题、积分奖励等方式激励学生参与阅读，增加学生的阅读兴趣和积极性。

6.4 非营利组织的公益推广

美国的 RIF（Reading is Fundamental 读书就是权利）是该国最大的非营

利阅读推广组织，主要为经济困难家庭的儿童提供免费书籍，并通过志愿者组织开展亲子阅读、社区读书会等活动。

英国的 Book Trust（书信计划）致力于为儿童和青少年提供阅读资源，尤其是早期阅读所需要的绘本，同时在学校推广读书奖励计划，为弱势家庭提供书籍。

英国的世界读书日基金会（World Book Day）定期组织大型阅读推广活动，通过发放免费书券等方式鼓励儿童在本地书店和图书馆兑换书籍，让更多孩子能接触书籍。

6.5 出版商和书店的营销推广

欧美书店大都会与出版社展开合作，定期举办新书发布会、签售会、作家讲座等活动，让读者能与作家互动，丰富他们的阅读体验。

大型书店和连锁书店还会通过打折促销、书单推荐、购书赠品等活动吸引读者消费，尤其在感恩节后的"黑色星期五"以及圣诞节等节假日期间，都会倾力推广阅读相关产品。

许多欧美书店还会给人提供舒适的阅读角，甚至直接与咖啡馆联合（如 Barnes & Noble），让顾客在休闲氛围中享受阅读。

6.6 跨平台与跨媒体的多渠道推广

欧美许多阅读推广项目都是通过出版社、书店与媒体平台合作来进行的，例如 BBC、Netflix 等媒体会制作文学作品的改编节目，将文学作品通过影视、音频等形式推广给更多观众。

在 Facebook、Goodreads 等社交平台上，读者可以加入各类读书小组，分享书评和书单，形成线上阅读社群。这种方式特别受到年轻人的喜爱。

欧美的知识付费平台（如 Audible、MasterClass 等）会为人们提供书籍的音频解读服务，便于工作忙碌的读者利用碎片时间吸收知识，在推广阅读的同时提升用户的知识获取效率。

6.7 文学节与图书展等文化活动

欧美国家经常定期举办各类文学节，如英国的"爱丁堡国际图书节"、美国的"洛杉矶书展"等，其间邀请世界各地的作家、学者进行分享，为读者提供丰富的阅读体验和学习机会。

欧美各国的国家图书馆和地区图书馆也经常举办书展活动，展示新书、经典书籍，举办主题讲座和读书会，吸引更多人参与到阅读当中。一些欧美国家举办的图书节还会设置儿童专场，通过展示儿童读物、讲解绘本、亲子共读等方式培养孩子的阅读兴趣，让一家人在活动中体验亲子阅读的乐趣。

6.8 企业与文化基金会的阅读公益计划

6.8.1 企业阅读公益项目

欧美的许多企业，如亚马逊、苹果、贝塔斯曼等，会资助阅读推广项目，通过捐赠图书、资助图书馆建设等方式，履行企业的社会责任。

6.8.2 文化基金会

欧美的许多基金会，例如美国的盖茨基金会会资助乡村和贫困地区的图书馆建设，英国的王子信托基金则会通过为儿童提供图书、资助家庭图书室建设，来保障弱势群体的阅读机会。

6.8.3 企业品牌与书籍联名活动

一些欧美企业会与出版社或书店合作推出联名书籍或读书活动，通过品牌的影响力引导更多人关注阅读。

6.9 作家和名人推动的阅读倡导活动

一些欧美知名作家（如 J.K. 罗琳、斯蒂芬·金等）会通过公开推荐书单、亲自参与读书推广活动等方式鼓励读者阅读，他们还会在社交平台上与粉丝展开互动，分享阅读经验，效果非常不错。

一些公众人物，如美国前总统奥巴马等，每年都会向大众推荐书单，引导读者关注某些书籍。美国脱口秀主持人奥普拉·温弗瑞搞了一个奥普拉读书俱乐部，拥有巨大的社会影响力，每推荐一本书基本都会成为畅销书。

欧美的许多影视明星和音乐人则会利用自己的影响力倡导阅读，比如艾玛·沃特森发起的"每月一本书"阅读项目，通过社交平台带动了不少粉丝加入阅读当中。

6.10 社区与家庭为基础的阅读推广

欧美的社区机构会组织本地居民建立读书会，设立社区图书角，并通过邻里共读会、分享会、亲子读书等活动，使阅读成为社区文化的一部分。

欧美许多国家还会提倡家庭读书日、亲子读书会等家庭共读活动，让家长和孩子共同参与到阅读当中，营造良好的家庭阅读氛围。

许多欧美国家的社区设有流动图书馆或书籍交换站，在这里居民可以将闲置书籍分享给他人，这些低成本的阅读推广方式在资源较少的社区尤其有效。

6.11 数字化与无障碍阅读服务

欧美国家的公共图书馆通过数字图书馆系统向大众提供电子书、音频书等资源，尤其是在某些特殊时期，读者足不出户就能够获得书籍，满足阅读需求。

欧美国家的很多图书馆和非营利组织会为视障人士提供有声书、盲文书籍，确保每个人都能享受到阅读的权利。甚至有的国家设有专门的盲人图书馆，如英国的 RNIB 图书馆。

欧美国家的数字阅读平台通常能实现资源共享，通过 OverDrive 等全球性借阅平台，读者可以访问其他国家的书籍资源，大大开阔了阅读视野。

6.12 特殊人群的定制化阅读推广

欧美国家的一些监狱开设了阅读项目，通过提供图书资源、设立图书馆和开展读书会，帮助囚犯进行情感教育和人格重塑。例如美国的"图书改变生活计划"和英国的"监狱图书项目"都为囚犯提供了心理疏导和社会重建的机会。

欧美一些图书馆和社区中心则为老年人提供了便捷的阅读设施，如大字书、有声书和阅读器材等。他们还会定期组织老年人读书会、怀旧文学活动等，让老年人在社交中享受阅读，缓解他们的孤独感和认知衰退的症状。

针对无家可归者，有些国家开展了阅读援助项目，例如英国的"无家可归者读书项目"（Books for Homeless）和美国的一些城市图书馆会提供免费书籍、免费阅读课程等，让无家可归者在临时庇护所或救助中心参与读书活动，帮助他们获得精神支持和自我提升的机会。

6.13 跨文化和多语言阅读推广

大部分欧美国家都有着多元的文化背景，因此欧美国家的图书馆会向读者提供双语或多语言书籍，如希腊语、西班牙语、阿拉伯语等，帮助移民群体获得母语阅读资源，并推出双语书单促进母语和第二语言的平衡。

一些城市或社区通过跨文化书籍漂流站和交换图书活动，促进不同文化背景的居民相互了解，比如设立以文化交流为主题的书架、交换图书角，让不同族裔的人通过阅读实现相互理解。

许多国家还开展国际作家驻留计划与文学交流活动，如德国的"柏林文学节"和法国的"巴黎文学之家"会定期邀请世界各地的作家一起交流创作心得，推动跨文化的文学分享，使读者在本国即可接触到国际范围内的作品。

6.14 青少年和儿童的创新阅读项目

许多欧美国家会举办儿童阅读嘉年华活动，结合表演、角色扮演、绘本展览等活动，为儿童创造沉浸式阅读体验，帮助他们通过趣味互动加深对书籍的喜爱。

为吸引青少年参与阅读，一些欧美国家的图书馆和学校还创建了数字读书俱乐部，利用游戏化设计，例如设置阅读通关的游戏关卡吸引年轻人参与读书打卡。

他们还会不定期举办一些儿童经典书籍配套活动，如美国的"哈利·波特读书会"等，通过在图书馆、书店或社区内开展与经典书籍相关的活动，包括手工制作、剧本朗读等，让孩子们通过角色体验的方式喜爱上经典书籍。

6.15 科技创新与智能化阅读服务

欧美的阅读推广机构采用人工智能分析用户的阅读数据，以便提供个性化的智能书单，使读者可以根据自己的兴趣和阅读历史找到适合的书籍，例如 Goodreads 的个性化推荐系统。

在欧美的一些大型书展或博物馆，利用增强现实（AR）或虚拟现实（VR）技术，让读者在阅读过程中体验身临其境的场景，这特别适合历史类和科学类书籍。许多欧美国家的图书馆和出版社会通过 YouTube、Twitch 等直播平台组织线上图书俱乐部，邀请作家或学者参与直播讨论，观众可以实时提问互动，增添阅读的社交性。

6.16 跨领域的主题推广

欧美国家的一些科研机构和图书馆合作推出科学阅读计划，组织科普书籍讲座、科学家阅读推荐等活动，帮助公众提升科学素养，例如美国的"科学周"（Science Literacy Week）阅读推广活动就是在社区和学校中推广科普读物。

一些欧美的图书馆和医疗机构展开合作，联合进行健康与心理学书籍的推荐，组织健康阅读小组和心理康复读书会，帮助读者在阅读中学习心理健康管理和生活健康的相关知识。

针对环保话题，欧美的一些图书馆会专门设立环保书架，以推荐相关书籍，并开展环保主题的读书会和讨论活动，引导公众关注环保和可持续发展。

6.17 工作场所和职场环境中的阅读推广

欧美的许多企业在办公环境中设立图书角，鼓励员工利用空闲时间进行阅读。同时，企业内部还会组织读书俱乐部，让员工一起探讨职业发展、领导力等职场书籍。

一些欧美的企业还将特定的书籍纳入员工的培训中，并设置共读计划，例如在管理培训中推荐一些关于领导力的书籍，在创新培训中推荐一些有关创意思维的书籍。

欧美国家的一些行业协会会定期发布行业经典书单和最新书籍推荐，帮助从业者掌握最新的行业趋势和理论，如金融、营销、科技、工程等领域的专业书单。

6.18 "盲选"书籍与阅读挑战

欧美国家的一些书店和图书馆还会举办一种"盲选"书籍推广活动。主办者将书籍包装起来，读者看不到书名和封面，只凭简短描述选择书籍，以此获得意想不到的阅读体验。这种"盲选"方式吸引读者尝试不同的书籍，拓宽了阅读的范围。

欧美国家的一些图书馆和阅读平台还经常发起阅读挑战，如"12本书挑战"和"100本经典阅读挑战"等，鼓励读者在一年内读完特定数量的书籍，并通过社交媒体打卡或线上讨论，分享进度和心得。

一些书店和图书馆曾发起过"每月一本非虚构书挑战"，要求读者在一年内选择12本非虚构类书籍阅读，以帮助读者拓展知识面，提高阅读的多样性。

6.19 支持家庭阅读的亲子阅读计划

一些欧美国家的学校和家庭教育推广项目中，提倡家长每天抽出20分钟与孩子共读，旨在通过家庭互动培养孩子的阅读兴趣。许多欧美小学开展了书袋项目，将几本合适的书籍放入书袋，让孩子带回家与家长一起阅读。家长和孩子可以在阅读完成后在书袋中填写反馈，形成阅读记录。

一些图书馆和早教机构则会提供亲子阅读讲座和课程，帮助家长了解如何为孩子选书、如何进行早期阅读，以普及科学的亲子阅读方法。

6.20 社区参与型阅读推广

欧美国家的许多社区设置了共享书架，让居民可以自由借阅和捐赠图书，实现社区内的书籍流通，如"免费小书架"项目（Little Free Library）。社区还会定期举办图书漂流活动，或是举办图书交换派对，居民可以带上自己的书籍与他人交换，让邻里之间形成分享书籍的良好风气，和浓厚的阅读文化氛围。

一些社区会根据当地的实际情况，发起针对性共读计划。例如，在环境保护社区发起环保书籍阅读计划，或是在文化多元社区推荐多语言书籍，促进文化认同和社区参与。

6.21 在线课程与知识付费平台结合的阅读推广

一些欧美的知识付费平台推出了专题阅读课程，如经济学经典导读、文学作品深度解读等，帮助读者深入理解复杂的主题和经典著作。

一些平台提供热门书籍的付费解读，通过音频、视频或直播形式，帮助没有时间精读的读者了解书中的内容梗概，例如 MasterClass 提供的"文学大师"课程。此外，d 社交平台（如 Instagram 上的 Bookstagram）发起的读书打卡、书评分享等活动可以更好地带动读者参与互动，尤其在青年人中形成一种流行的阅读文化。

欧美国家的阅读推广方面模式多样且相对系统，通过政府支持、非营利机构、公共图书馆、出版商、社区及家庭的广泛参与，构建了覆盖全年龄段、全社会的阅读推广体系。这种全方位的推广模式不仅推动了全民阅读风尚的形成，也为实现社会公平和文化进步提供了支持。在这种阅读推广体系中，数字化资源和多样化推广方式的出现进一步提高了阅读推广的便捷性和普及性，也使阅读成为社会生活的重要组成部分。

除了传统的图书馆、学校和非营利组织的推动，欧美社会还不断进行着阅读推广形式的创新，结合科技手段和社会热点，为不同群体量身定制阅读推广活动，让阅读更贴近读者的实际需求和现实生活。从特殊人群推广，到跨文化推广、多样化体验和数字化服务，再到社区互动，每一种推广方式都极大地提高了阅读的参与度和覆盖面，使阅读成为一种普及而持续的社会活动，推动了全社会的文化进步与知识共享。

7. 中国当前阅读推广工作的进展

受各种原因的影响，中国的阅读推广工作在相当长的一段时间里几乎处于停滞状态。改革开放以来，随着社会的发展变化，知识决定命运的观念成为全社会的共识。与此同时，中国积极寻求着与世界尤其是发达国家的沟通和了解，并且在交流合作中取得了巨大的成就。其中，文化领域的交流促进了我们在文化、教育等领域的观念变革。人们开始日益重视知识和科学的重要性，而这也成为阅读推广工作发展的重要推动力。

中国当前的阅读推广工作，形成了政府引导、多方参与、线上线下结合的多元化推广体系。以下简要总结我国在阅读推广工作上取得的主要进展：

7.1 政府主导的全民阅读政策得到了大力推广

首先，全民阅读已被纳入国家战略。自 2014 年全民阅读首次被写入政府工作报告以来，全民阅读逐渐上升为国家战略。各级政府都制定了相应的阅读推广计划，设立了专项经费，以支持和引导阅读推广活动的有序开展。

其次，阅读推广活动得到了各级政府、多个部门的有力支持。例如在每年 4 月 23 日的"世界读书日"期间，文化和旅游部、教育部等多个部门主导开展了大量的阅读推广活动，如全国性的"全民阅读推广月"和"书香中国"等，旨在倡导全社会关注阅读、参与阅读。

此外，各级政府在广大农村地区也启动了多项阅读计划与知识扶贫项目。例如为了缩小城乡阅读资源的差距，不少地区的政府牵头制定了"'书香乡村'建设计划",通过援建乡村图书室、提供流动图书车等方式,将阅读资源带到偏远地区,为乡村儿童和广大村民提供阅读机会。

7.2 图书馆系统和社区公共阅读空间全面扩展

在公共图书馆建设方面,国家近年来加大了公共图书馆的建设力度,如今全国绝大部分县、市都建有公共图书馆,已经形成了从国家级、省级、市级到县级的较为完备的图书馆体系。此外,图书馆的数字化建设也在逐步提升,电子图书馆、移动图书等的服务普及范围不断扩大。

在社区书房与共享阅读空间的建设方面,一些城市和社区建立了"小书房""书香驿站"等共享阅读空间,居民可以在社区的自助书屋、社区书架中免费借阅或交换书籍,阅读融入社区生活,尤其在一、二线城市已然成为新的文化热点。

此外,许多城市推出了 24 小时开放的城市书房,为读者提供自助借阅服务,还建成了不少免费阅读区和公共文化活动空间,满足不同年龄层、不同职业群体的阅读需求。

7.3 学校和教育系统的多维度式阅读推广

教育部倡导的课内阅读与课外阅读相结合的理念,使得阅读课程在作为教育工作主要阵地的学校得到了很好的普及。而且许多学校不仅引入了阅读课程,还设立了图书角、图书室,鼓励学生课外阅读,培养阅读习惯。部分小学还安排了固定的阅读时间或阅读课,为学生读书提供了有力的保障。

在各地教育部门和学校组织的读书节、阅读月、经典诵读等活动期间,不少中小学还会定期举办阅读赛事和活动,搭建促进中小学生阅读的重要平台,让学生通过参与诵读比赛、书评比赛等方式,增强对经典文学和优秀读物的兴趣。

幼儿园和小学承担着针对儿童的阅读推广工作,它们通过呼吁家长参与亲子阅读，提供绘本阅读指导，开展"亲子读书会""亲子读书日"等活动，从而促进家庭内部形成共同阅读的良好氛围，让孩子尽早学会阅读、爱上阅读。

7.4 社交平台和新媒体的多渠道式阅读推广

短视频与直播平台也积极参与到了我国的阅读推广事业当中。在抖音、快手、小红书等短视频平台上，越来越多的阅读博主通过短视频和直播来推荐图书、分享阅读心得，使越来越多的图书、作者成为"网红"，也吸引了更多的年轻人去关注阅读的重要性。

微信读书、豆瓣读书等平台为读者提供了便捷的书评发布、书单推荐、读书打卡服务，并且以此为基础打造了一个庞大的线上阅读社群。在那里，读者可以互相交流、分享阅读进度，特别是书评打卡功能的出现，让阅读成为许多读者生活中不可或缺的组成部分。

得到、喜马拉雅等知识付费平台通过解读经典书籍、提供读书音频和短视频课程等，吸引了时间有限的成年读者，它们不仅使阅读变得更为便捷，也推动了碎片化阅读在现代生活中的普及程度。

7.5 非营利组织和社会团体的公益式阅读推广

国内的一些非营利组织如书路计划、希望工程图书室等，专门为乡村儿童、贫困学生提供书籍和阅读资源。它们通过图书捐赠、流动书车等形式，解决了不少地区存在的阅读资源匮乏问题。

如今有越来越多的社会团体和个人加入了阅读推广志愿者行列，他们通过在学校或社区设立小型图书馆、组织读书会、定期开展读书分享会等形式，为不同群体提供了阅读指导和服务。

许多公益组织会定期举办免费读书讲座、经典诵读活动、书籍交换会等活动，让更多人参与阅读推广活动，扩大阅读覆盖面，这类活动尤其在大城市和高校中有着更加显著的效果。

7.6 出版社和书店的营销式阅读推广

在当下的中国，越来越多的书店都开辟出了主题阅读区，如旅行书区、儿童绘本区、社科经典区等等，为读者打造出了独特的文化空间，它们还积极组织举办作家签售、主题展览等活动，以增强读者的体验感。

许多出版社与书店合作，定期举办新书发布会、作家见面会、作者签售会等活动，吸引读者参与，尤其是在节假日和全民阅读月等时间段，这些活动更能营造出浓厚的读书氛围。

北京、上海、深圳等地每年都会举办大型书展，展示优秀书籍并举办主题讲座。一些二线城市也会举办类似活动，同样有着一定的规模和影响力。此外，如"南国书香节""西湖书展"等地方性书展每年都会吸引大批书迷，已经成为当地的重要文化活动。

7.7 数字化阅读平台的科技创新式阅读推广

中国国家图书馆及不少省市的图书馆近年来纷纷推出了数字图书馆平台，提供电子书、电子期刊、音频书等资源，让读者可以通过电脑或手机随时随地阅读，有效地提升了阅读的便利性。

随着有声书的兴起，越来越多的平台开始提供音频阅读服务，许多图书馆也加入了音频资源，为视障人士和通勤读者提供了良好的阅读选择。

国内许多企业创办的阅读平台，如微信读书、京东读书会运用大数据和算法推荐等手段，根据用户的阅读习惯推送个性化书单，从而让读者更便捷地找到感兴趣的书籍，带动更多的读者参与到阅读中来。

7.8 家庭和社区层面的阅读推广

一些地区或社区会定期推出家庭读书计划，意在鼓励父母与孩子共同读书，还会通过推荐家庭读物、亲子阅读手册等方式，帮助家长在家里为孩子营造阅读氛围。

国内很多城市的社区在推进书香社区建设方面成效显著。一些社区设立了共读书架或小型图书馆、图书室，为社区居民提供了可以共享的书籍资源，方便他们开展邻里共读活动。许多社区还在社区公园、社区活动中心等地设立了图书漂流站或书籍交换角，居民可以在此自由借阅和交换书籍，而这一举措也大大推动了阅读资源的循环利用和分享。

7.9 阅读推广与公益活动相结合

"书香中国公益计划"通过募集社会资源，向贫困地区、留守儿童群体、社区图书馆捐赠图书，使更多偏远地区、欠发达地区的人们得益于此，接触到了更多优质的图书资源。

各级政府每年还会组织文化志愿者到乡村、社区、学校开展阅读讲座、书籍捐赠等活动，为当地的儿童和青少年提供阅读辅导，拓展他们的知识面。

一些企业也加入阅读推广活动当中，通过图书捐赠、书籍赞助等方式支持全民阅读活动，实现了履行企业社会责任与阅读推广的结合。

一些公益组织通过向贫困地区儿童赠送书籍，为留守儿童、流动人口子女等群体提供优质读物等方式，缩小了城乡阅读资源差距，促进了教育公平。

各级政府、各类高校和各类公益组织还经常组织文化志愿者定期走访社区、乡村，开展读书辅导、公益讲座和亲子阅读指导等活动，为需要阅读帮助的群体提供了陪伴式的阅读推广服务。

7.10 大型文学奖项与文学活动的阅读推广

眼下各级政府设立的文学奖项数量相当可观，如国家级的有"茅盾文学奖""鲁迅文学奖"等，地方上的则有"金陵文学奖"等奖项。这些奖项的设立、评选过程吸引了社会的关注，推广了优秀文学作品，也推动了文学阅读的普及。

在一些文学园区或文化场所，各级文联、作协等部门定期邀请作家驻留开展创作交流活动，举办与作家对话、学术讲座等活动，使得广大人民群众对文学作品的兴趣有了很大提升。

许多蓬勃发展的网络文学平台，如起点、红袖添香、掌阅等，通过定期评选优秀网络文学作品，吸引了大批年轻人关注、阅读，而这也为传统的纸质阅读培养了潜在的读者群体。

一些城市大力支持本地作家努力创作能够推广地方历史和文化背景的文学作品，并通过文学节、书展等形式提升了本地作家作品的知名度。

当然，中国的阅读推广工作还有更为深入的探索和创新，涵盖了特殊人群、跨行业合作、文化活动等方面，以下就这些创新模式及其取得的一些进展也做简要介绍。

7.11 针对特殊人群的定制化阅读服务

近年来，国内的各级图书馆在无障碍阅读方面都取得了很大进展，为视障人士提供了大量盲文书籍、音频书等资源。例如在国家图书馆和省级图书馆都设立有专门的视障阅读区，增加了盲人读者的阅读机会。

针对老年人的阅读需求，不少图书馆和社区向其提供了大字书、有声书资源，还会举办适合老年人参与的经典文学、健康养生类书籍读书会，尽可能地帮助老年人通过阅读保持精神活力。

相关单位还在一些监狱和社区矫正机构设立了小型图书馆或阅读角，通过提供经典文学、励志书籍，定期组织读书活动，帮助服刑人员和社区矫正人员完成心理疏导和社会适应训练。

7.12 跨行业合作和品牌联动的阅读推广

在一些历史文化名城和旅游景点，地方政府设立了主题书屋或主题图书馆，通过文化旅游带动阅读。例如西安、苏州等地的文化景区都设置有"书香驿站"，游客可以在游览之余通过阅读历史文化书籍，深度了解当地文化。

一些文化品牌会与书店、图书馆合作推出联名图书、阅读礼包或系列活动，如"咖啡＋书店"模式、"图书＋手账"套餐等，通过多样化消费体验吸引读者。

一些线上阅读平台会与文创品牌、电影公司、电视节目组等单位合作，推出联名款书籍周边、限量版书签等，特别是针对热门影视作品原著的推广，可以打造出"爆款"跨界文化产品。

7.13 数字化内容和智能化阅读服务的探索

一些阅读平台如微信读书、京东读书广泛运用了 AI 技术，根据用户的阅读历史和兴趣自动生成个性化书单，让读者可以更方便地找到自己喜欢的书籍。同时，平台还会通过大数据技术分析读者的阅读偏好和趋势，为出版社、书店和图书馆提供数据支持，从而优化书籍内容和制作、推广方式。

一些博物馆和书店引入了虚拟现实（VR）与增强现实（AR）技术，通过增强现实的方式展示历史、自然科学等书籍内容，这些技术得到了儿童和青少年的广泛欢迎，也增强了阅读的互动性和体验感。

7.14 青年阅读推广和社交互动

许多组织、机构会在大学校园、青年文化中心定期组织读书节、文学创作大赛、主题沙龙等活动，让青年在社交活动中体验阅读，尤其是在毕业季、开学季和校园文化节期间，这类推广活动往往会大受欢迎。

许多阅读平台和社交媒体会举办读书打卡活动，如"21 天阅读挑战""每月读一本书"等等，激励年轻人通过分享打卡的方式建立阅读习惯，并打造线上互动社群。

许多青年读书博主会在抖音、B 站等平台发布极具创意性的书籍介绍短视频、书单推荐视频等，这些轻松、娱乐的方式能吸引更多年轻人参与阅读。

7.15 线下沉浸式阅读体验空间

一些城市的书店和文化空间通常设置有沉浸式阅读区域，策划推出的

"森林书屋""海洋图书馆"等主题空间能让读者在独特的氛围中享受阅读，非常适合亲子阅读，以及情侣和青年读者。

一些新建的图书馆因借鉴了世界先进的设计理念，面世后成为当地的地标性建筑和新概念图书馆的代表，例如北京的首都图书馆、广东的广州图书馆等。这些图书馆大多设有互动展示区，能让读者通过触屏互动、体验视觉影像等了解书籍背后的文化背景，增强他们的文化体验。

许多大城市的书店、咖啡馆、文创商店等场所往往融合了阅读、艺术、社交等多种功能，不仅为读者提供了舒适的多功能体验空间，也让阅读不再是单一的个人行为，而是他们社交和生活的一部分。

7.16 企业与品牌的阅读推广公益项目

一些企业通过公益项目向农村学校和贫困家庭捐赠书籍、设立图书室，帮助乡村地区的孩子们获得更多的阅读资源，例如阿里巴巴、腾讯等大公司都曾实施过类似项目。

许多文化品牌会与书店、阅读平台合作推出联名阅读活动，如"书籍＋咖啡券""文创周边＋书单推荐"等等，吸引年轻人和文化消费者的关注。

一些企业在员工福利中加入阅读津贴，鼓励员工多读书、读好书，它们还会在公司内部组织读书会，定期组织职场书籍分享会，以提升员工的文化素养和专业技能。

7.17 亲子和早教阅读推广的深入发展

不少各类早教机构和公共图书馆都设立了专门的绘本馆，定期开展幼儿故事会、绘本亲子活动，帮助家长了解如何引导儿童阅读绘本，培养孩子的阅读兴趣。

一些地区通过文化惠民政策，为家庭提供家庭书架建设支持，鼓励家庭成员一起共读。当地有关部门还会通过开展每周亲子共读活动等方式增进家庭成员之间的情感交流。

一些出版社推出了带有音频、图片识别功能的互动性绘本，帮助孩子在阅读中获得听觉和视觉上的多重感官体验。

7.18 国际阅读合作与跨文化推广

一些一线城市利用自身的品牌和能级优势，策划举办了一些国际化的图书节和书展交流活动，如"上海书展""北京国际图书博览会"等等，吸引了世界各国的出版社和作家前来参与，促进了中外文化的相互交流和推广，推动了中文书籍在国际范围内的广泛传播。

一些大型图书馆还与海外图书馆和阅读推广机构合作，开展线上跨国读书会或主题交流活动，让中国读者有机会接触到更多的外国文学作品，同时向国外推广了中国文学。

一些出版发行机构努力引入了更多优秀外文书籍，同时将国内作品翻译成外文出版，以加强国际文化交流与合作，推动跨文化阅读。

总之，在各级政府的引导下，公共图书馆、学校、社区、社交媒体、出版机构、非营利组织、企业、家庭等多类主体协同推进，中国的阅读推广工作近年来取得了显著进展，逐步形成了较为完备的运作体系。

从数字化阅读平台的广泛应用到乡村的阅读扶贫项目，从儿童早期阅读推广到职场读书会，国内阅读推广的形式更加丰富多样，它不仅广泛地参与到了人们的日常生活中，也在各个年龄段人群、不同职业群体和社会阶层中产生了深远的影响。总的来说，当前的阅读推广工作通过线上线下相结合等多种形式兼顾了不同群体的需求，其对于中国社会发展的价值也开始日益显现，它为提升全民素质、促进文化发展起到了积极、重要的作用。

三、关于图书馆

1. 西方图书馆的发展历程

西方图书馆的发展历史可以追溯到古代的藏书机构，从中世纪的宗教书库、文艺复兴时期的公共图书馆，到近代工业化时期的普及型公共图书馆，再到现代的数字化图书馆体系，它经历了漫长的渐进式的发展过程，大致可以分为以下几个发展阶段：

1.1 古代的图书馆

1.1.1 古希腊和罗马时期的图书馆

约公元前 3000 年，古埃及和美索不达米亚平原上（现在的伊拉克地区）出现了早期的文书收藏机构，用于保存政府文书和宗教文本。这些藏书主要是由黏土制成的泥板书。

亚历山大图书馆（约存在于公元前 3 世纪）是古代最著名的图书馆之一，它位于埃及的亚历山大城，因收藏了大量希腊、埃及、波斯等地的文献，成为当时的知识中心和学术研究基地。亚历山大图书馆的藏书量达到几十万卷之巨，主要为纸莎草卷。

古罗马时期图书馆逐渐兴起，特别是凯撒和奥古斯都等统治者开设了公众可以访问的图书馆。罗马帝国时期（约公元前 1 世纪至 5 世纪）的私人藏书现象也很普遍，许多富有的家族都拥有自己的私人图书馆。

1.1.2 中世纪的教会和修道院图书馆

随着西罗马帝国的衰亡，欧洲进入了漫长且黑暗的中世纪（约 5 世纪至 15 世纪），教会成为学术领域的主要力量。各地的修道院都设立了图书馆，主要用于保存基督教经典和神学著作，也保存了部分古希腊罗马时期的文献，这些图书馆还有专门的抄写员，负责抄写和保存手稿。这一时期，教会在罗马教廷设立了教皇图书馆（今梵蒂冈图书馆的前身），收藏了大量宗教和古典文献，因此成为当时学术和宗教研究的重要资源平台。

中世纪晚期（约 12 世纪至 15 世纪），大学图书馆开始相继出现。从 12 世纪起，欧洲的大学开始兴起，如巴黎大学、牛津大学和剑桥大学等等都是在此时创办的。在这之后，大学图书馆逐渐成为教会以外的另一个重要藏书机构，收藏神学、哲学、法律等学科的书籍。这一时期的图书大多为手抄本，非常珍贵且数量有限。

1.1.3 宗教改革时期的图书馆

16 世纪的宗教改革对图书馆的发展产生了重要影响。在此期间，随着新教的兴起，图书馆开始扩展藏书种类，藏书不再仅限于神学类文献，也包括世俗和科学类书籍。尤其在德语地区，宗教改革推动了学术图书馆的出现与发展，它们则为圣经和宗教文本的研究提供了支持。

这一时期，一些天主教教会图书馆也开始逐渐向学术界和公众开放，以应对新教兴起带来的挑战。这种开放政策加速了学术书籍的传播，让更多人有机会接触到不同类型的书籍，加速了学术和文化的交流。

1.2 文艺复兴时期的图书馆

文艺复兴运动（约 14 世纪至 16 世纪）带动了知识的普及，推动了古典知识的复兴，许多意大利和其他欧洲地区的贵族和学者开设了私人图书馆，用以收集古希腊和古罗马的文献。同时，随着印刷术的引入和普及，刊印图书变得更加容易，进而为知识的广泛传播奠定了基础。

意大利是文艺复兴运动的发源地，在这里出现了许多私人学术图书馆，如美第奇家族的图书馆等等。这些私人学术图书馆是当时贵族和学者进行知识交流的重要场所。

16世纪，牛津大学、剑桥大学等先后成立了专属的学术图书馆，并且开放给学生和学者们使用。图书馆的藏书逐渐向综合化、学术化方向发展，不再仅限于神学书籍，包含文学、历史、医学、应用科学等领域在内的书籍数量占比越来越高。

1.3 近代图书馆

17世纪至18世纪的启蒙运动推动了近代公共图书馆的出现和发展。18世纪初期，知识的传播和普及逐渐受到欧洲各国民众的渴望和重视，公共图书馆的概念在欧洲各地兴起和普及起来。启蒙思想家伏尔泰、狄德罗等人认为图书馆应该为所有人服务而不是少数人，大力倡导建设公共图书馆，图书馆由此逐渐成为普通市民获取知识和提升素养的场所，从而极大地推动了民众教育和文化素养的提升，促进了社会的进步。

英国于1850年通过了《公共图书馆法》，规定地方政府可以设立公共图书馆，使用公共资金购买书籍。这是世界上首个支持公共图书馆发展的法律，奠定了现代公共图书馆体系的制度基础。

法国大革命期间，国家接管了大量私人和教会图书馆的藏书，成立了法国国家图书馆，将这些书籍向公众开放。法国国家图书馆由此成为国家层面的知识中心，为法国民众提供了广泛的教育资源。

到了19世纪，随着美国国力的不断增强，公共图书馆事业也得到了迅速发展。苏格兰裔的钢铁大王安德鲁·卡内基在19世纪末到20世纪初先后资助了1600多座公共图书馆，这些"卡内基图书馆"在美国、英国和其他英语国家遍地开花，对普通民众免费开放，极大地推动了知识的普及，为当地的教育和文化发展提供了宝贵资源。卡内基的资助使得图书馆逐渐在社会当中得到普及，成为社区的文化和学习中心。

在启蒙思想的影响下，西方的图书馆已不仅仅是书籍的存放地，而是逐渐被赋予了教育和社会教化的使命。图书馆因此成为传播科学知识、普及启蒙思想的重要平台，为后来普及教育和民主思想确立奠定了基础。

1.4 现代图书馆

18 世纪中期出现的工业革命推动了科学、技术的飞速发展，社会对知识和信息的需求显著增加。图书馆逐渐成为工人、技术人员和市民学习知识、获取职业技能的重要场所。在这一进程中，人们越发重视图书馆的科学管理，从而促使美国和欧洲逐步形成了一门新的学科——图书馆学。梅尔维尔·杜威（Melvil Dewey）于 1876 年创建了杜威十进分类法，它极大地提升了图书馆的管理效率，促进了现代图书馆系统的规范化发展。

20 世纪，西方的图书馆进入转型期，其功能从传统的书籍借阅扩展到知识管理、文化教育等诸多方面。许多图书馆增设了儿童区、视听区、研究资料区，为不同需求的读者提供更为全面的服务。

第二次世界大战对欧洲许多国家的图书馆造成了严重破坏。战后，欧洲各国开始大规模重建图书馆。在德国和英国，政府投入大量资源重建公共图书馆，并扩展了图书馆的服务职能，使之变得更加多元化。随着社会发展，越来越多的西方国家图书馆开始扩展服务范围，如增加儿童图书馆、移动图书车、成人教育课程等，图书馆开始成为更多群体的文化交流和接受教育的平台。

到 20 世纪中后期，随着计算机技术的不断进步和广泛应用，数字图书馆开始兴起，随着互联网的发展，图书馆逐步迈向数字化。不少国家的图书馆逐渐采用计算机化的在线公共访问目录（OPAC），让读者可以通过图书馆系统查找所需的书籍，大大提高了图书馆管理的效率。

20世纪80年代以来，许多国家的图书馆开始运用计算机和互联网技术逐步将藏书数字化，建立在线数据库，让读者可以远程访问资料。有些国家的图书馆还通过与数据库公司合作，制作出了电子期刊、数字化文献、电子书等数字资源，并进一步建立了数字图书馆，帮助读者通过网络获取资源。

这一时期，图书馆的教育职能也进一步拓展，不仅为公众提供知识获取的渠道，还开始承担信息素养教育的任务，教授公众如何筛选、评价信息，从而更有效地应用知识。

1.5 当代图书馆

21世纪以来，欧美国家开始推动图书馆向数字化和网络化发展。许多图书馆都可对外提供电子书、音频书、视频资源，虚拟图书馆也应运而生。在科技的支持下，读者可随时随地访问图书馆的资源，图书馆信息服务的水平也得到了极大提升。

本时期，图书馆还进行了更多样化的社会功能拓展，逐渐承担起了更多的社会责任，成为社区支持和社会服务的中心之一。除了传统的图书借阅服务，它们还提供知识讲座、文化活动、职业培训、科技教育等多维度、多层次的知识资源服务。此外，一些国家的图书馆还为移民提供语言学习课程、为社区提供职场技能培训和法律援助咨询等服务。

近年来，许多欧美国家的图书馆增加了创客空间，对外提供3D打印机、激光切割机等设备，鼓励读者进行动手创作和创新。创客空间作为图书馆服务的新亮点，尤其受到青少年和大学生的欢迎。

为应对全球的气候危机，西方一些国家的图书馆自21世纪伊始就开始推行绿色图书馆理念，减少资源浪费，建设环保建筑，推广可持续发展观念。例如，许多图书馆提供环保书袋、可回收的纸张等，以推广环境保护理念。

许多欧美国家的图书馆还不断倡导全球图书馆合作，提出了数字资源共享、联合编目等主张。例如"Google Books"项目和"世界数字图书馆"（World Digital Library）项目等国际性数字资源合作平台的搭建，通过扫描和数字化手段，将珍贵书籍和历史文献开放给全球公众，使得更多学术资源可以免费获取，以帮助消除信息鸿沟。

1.6 未来图书馆的发展趋势

在智能化与个性化服务方面，未来的图书馆将进一步开发和利用大数据和人工智能技术，根据读者的兴趣和需求提供个性化书籍推荐、智能搜索、虚拟助手等服务，以提升读者的体验。

在公共文化与学习空间方面，未来图书馆的功能将更为多元化，它不仅是借阅书籍的地方，也是学习、社交和公共文化交流的空间。例如，图书馆通过开放工作室、创客空间、艺术展览区等，让人们获得更丰富的体验。

在信息素养教育和知识管理方面，未来图书馆的作用将愈加重要，特别是在信息过载的时代，通过图书馆提供的信息筛选、信息素养教育等服务，读者可以进一步提升知识管理和数字信息应用的能力。

在移动图书馆与远程服务方面，随着互联网的普及，在线图书馆、远程教育平台等将进一步扩展图书馆的服务范围，未来图书馆的服务将能够覆盖到边远地区和不便出行的人群。

在虚拟现实技术和增强现实技术应用方面，未来图书馆将深入探索其应用方式和路径，如将历史文献、艺术作品通过 AR 技术进行立体展现，以提升读者的沉浸式体验，让阅读变得更加生动有趣。

数字人文开发，也将成为未来图书馆的重点研究方向之一。图书馆通过数字化工具和数据分析技术，将历史、文学、哲学等人文学科与信息技术相结合，帮助学者和公众更深入地研究和理解人类文化。

从古代的私密性藏书，到中世纪的宗教书库，再到启蒙时代的公共图书馆和现代的数字化图书馆，西方图书馆的发展走过了漫长的过程。这一过程中，图书馆的角色从知识存储与保护，逐渐扩展到了教育普及、社区服务、信息素养提升等多个方面。这一演变不仅记录了知识的传播和共享过程，也反映了社会结构和需求的变化。图书馆从过去的知识存储之地，逐步成为面向全民开放的文化教育中心，担负起多元化的社会职能，成为知识创新、文化交流、社区服务的重要载体，在这个信息化的时代继续肩负着普及知识、促进文化发展的重要使命。

2. 中国图书馆的发展历史及现状

中国图书馆的发展史可以追溯到奴隶社会晚期的"龟室"，经过封建社会的书院和官府的藏书阁，直到近代逐步建立起了公共图书馆体系。截至目前，国内大部分地区已经建成了具备数字化和信息化特征的现代图书馆。以下就中国图书馆发展的大致过程做简要介绍：

2.1 宋代以前的官府和宫廷藏书

2.1.1 殷商至周代的书籍收藏

早在殷商时期（约公元前 1600 年—公元前 1046 年），中国就已经出现了图书馆的雏形，主要是收藏刻录有甲骨文的龟壳兽骨，和刻录或铸刻有铭文（金文）的青铜器。

周代时（约公元前 1046 年—公元前 256 年），王室设有史官管理书籍（一说商朝时就已出现），负责记录和保存国家的历史文献和其他各类典籍。据说，老子就曾出任周王朝的守藏室史，负责管理国家的档案、文献和典籍。这个守藏室大概等同于现在的国家图书馆兼国家档案馆，而守藏室史则相当于馆长。

2.1.2 秦汉时期的皇家藏书

秦朝建立后（公元前 221 年～公元前 207 年），秦始皇设立了石渠阁和兰台，用以保存各类书籍和重要文献。

汉朝（公元前 202 年～公元 200 年），汉武帝设立了石渠阁、天禄阁等皇家藏书机构，收藏了大量历史、文学、哲学等经典著作，皇家图书馆制度逐渐成形。

2.1.3 隋唐时期的书馆和国子监藏书

隋朝（581 年～618 年），朝廷设立了弘文馆、集贤院等机构，负责典籍的收藏、整理和编撰，同时国子监作为最高学府，也收藏有丰富的图书资源。

唐代（618 年～907 年），由秘书省负责管理皇家藏书和文书档案，其中收藏了大量经典文献、史书、佛经等，功能类似于图书馆。唐高祖还设立了弘文馆，它隶属于秘书省，是一个为皇室成员、官员及学者提供阅读和学习的场所，之后成为唐朝的学术机构之一。国子监作为国家的最高学府，也藏有大量书籍，供学生学习使用。

地方上，唐朝的州、府、县也设有专门机构，用以存放官方文件、地方志和部分学术典籍。

唐朝佛教盛行，许多寺庙拥有大量经书和典籍，用于收藏这些图书的藏经阁可以被看作是宗教性质的图书馆。

此外，一些富裕的士族家庭和学者也有规模较大的私人藏书，他们还会拿这些藏书与其他学者共享。唐朝时书籍主要是手抄本，制作成本高，因此书籍非常珍贵，存放的地方多由专人负责管理。雕版印刷术在唐代晚期开始出现，为书籍的复制和传播提供了便利。

2.2 宋元明清时期官府与私人藏书事业的蓬勃发展

2.2.1 宋代的官府图书馆

宋代（960 年 ~ 1279 年），朝廷设立了秘阁和崇文院，收藏历代文献资料和经史典籍，并设有专职人员管理，官府图书馆的藏书规模进一步扩大，管理制度也进一步完善。

本时期，民间的私人藏书事业也得到蓬勃发展。宋代商品经济繁荣，活字印刷术的发明和发展使书籍大量刊印成为现实，图书变得较易获得，因此私人藏书之风兴起，涌现出如苏轼、司马光等一批大藏书家，私人逐渐成为图书馆事业的重要力量。

2.2.2 元代的藏书阁

元代（1271 年—1368 年），朝廷设有延春阁和崇文阁等藏书机构，虽然规模和影响力远不如宋代，但官府的统一收藏和编纂出版等举措，也在一定程度上延续了知识的流传。

2.2.3 明清时期的藏书楼和书院

明代（1368 年—1644 年），官府或私人修建的藏书楼在全国范围内大量出现，如著名的天一阁和文渊阁等等，这些地方都保存了大量的文献和书籍。

清代（1644 年—1911 年），乾隆皇帝组织编纂了《四库全书》，设立四库全书馆（如文渊阁、文津阁等），它们不仅是皇家的藏书中心，也为学者提供了极为丰富的研究资源。

纵观明清两代，各地方广泛兴起的藏书楼可谓极具特色，尤其是在经济发达的江南地区，涌现出了一大批名满天下的大型藏书楼，如天一阁、文澜阁、海源阁等，它们在保存和传承文献方面发挥了重要作用。

随着地方藏书楼的发展，全国范围内逐渐形成了多个文化中心，聚集着大量交流知识的文化名流和学者。例如江浙一带因修建的藏书楼相对较多，在思想和学术上走在了全国前列。这一时期，书院在全国各地也保持着不错的发展势头，为当地的文人士子提供了研习经典论著的场所。

在地方藏书楼和书院中，记录了各地的地理、历史、风土人情的地方志是重要的收藏内容之一。这些藏书为后世研究地方史和区域文化提供了丰富的资料。

2.3 晚清与民国：中国现代图书馆的萌芽与发展阶段

2.3.1 晚清时期（19 世纪中后期）

鸦片战争后，西方列强打开了中国的国门，使中国逐渐沦为了半封建半殖民地社会，与此同时，西方文化和科学技术也传入了中国。随着西学东渐的兴起，西方的图书馆理念和制度也逐渐传入中国。1909 年，清政府在京师大学堂设立图书馆，开启了建设现代图书馆的历史新篇章。

清政府创办的这个京师图书馆（即现在的国家图书馆），是中国第一座国家级公共图书馆，标志着中国开启了图书馆现代化的进程。该馆收藏了大量的中国古籍和珍贵文献，并开始为普通大众提供借阅服务。

2.3.2 民国时期（1912 年—1949 年）

辛亥革命成功之后，伴随教育体制和公共服务体制的改革，南京、广州、上海等地相继建立起了多所公共图书馆。1912 年，民国政府制定了《图书馆简章》，其中确立了图书馆的公共服务性质，为广大人民群众提供服务成为其基本职能。这一时期，全国范围内还成立了许多大学图书馆和地方图书馆，这些都大大推动了图书馆事业的发展。

2.4 中华人民共和国成立初期：新图书馆体系的建立

1949 年后，图书馆事业受到了党和国家的高度重视，政府加大了图书馆的建设力度。1952 年，国家制定了《全国图书馆事业发展计划》，规划建立一个从国家图书馆到省、市、县级图书馆多级并举、共同发展的庞大体系。

这一时期，国内各大专院校、科研单位和公共文化单位也相继建立了图书馆，形成了以公共图书馆为主，科研和教育图书馆为辅的多层次图书馆体系。

20 世纪 60 ~ 70 年代，国内的图书馆事业曾一度陷入停滞。改革开放初期开始逐渐得到恢复，国家图书馆和地方图书馆开始重新对民众开放。

2.5 改革开放后中国图书馆的现代化进程

20 世纪 80 ~ 90 年代，国内的图书馆事业迎来了绝佳的发展机遇。各地公共图书馆的数量大大增加，馆藏规模不断扩大，图书馆的服务内容也逐步丰富和多样化。

自 20 世纪 80 年代起，国内的图书馆逐步引入计算机管理系统，建立了图书管理的自动化系统，大幅提升了图书借阅和管理的效率。许多图书馆还增加了视听设备、阅览设施，为读者提供更为丰富的阅读体验。

2.6 21 世纪：数字化和信息化时代的图书馆

2000 年以后，中国的图书馆加速了数字化建设的进程，许多图书馆推出了电子书、数据库和在线资源，为读者提供远程服务。国家图书馆、各大高校图书馆以及各地公共图书馆也纷纷建立起数字图书馆系统，拓宽了读者获取阅读和学术资源的渠道。

国家图书馆联合各省市图书馆建立了全国图书馆联合目录，实现了资源共享和文献交换。读者可以通过互联网查找各地图书馆的藏书，极大地提高了资源利用效率。

完成现代化建设的图书馆也逐渐承担起了信息教育的职能，通过推出信息素养教育课程等方式，为公众提供网络资源的使用指导、数据分析等服务，使图书馆成为知识共享和终身学习的最佳场所之一。

2.7 当代中国图书馆的发展状况和创新探索

2.7.1 创新探索

目前，国内一些中大型图书馆增加了创客空间、儿童活动区、展览区等文化创意空间，定期举办读书沙龙、手工课程、展览活动等活动，使图书馆逐渐成为当地的文化中心。各级图书馆还针对儿童、老年人、视障人士、少数民族等群体提供专门服务。

一些有条件的城市还开设了 24 小时开放的城市书房和无人图书馆，方便读者自助借阅和还书，提高阅读的便捷性。此外，智能图书馆、数字化检索、自助设备等新技术也都得到了较为广泛的应用。

2.7.2 高校图书馆快速发展

自民国成立伊始，大学图书馆便逐步成为学术资源的集中地，尤其是"五四运动"后，新文化运动带动了学术研究的普及，大学图书馆成为知识分子、学生获取信息和学习知识的重要场所。

当下，多所高校图书馆联合建立了合作借阅系统，形成了覆盖全国的高校图书馆网。大学图书馆除提供借阅服务外，还为学术研究提供数据库资源、数据管理支持，帮助师生进行学术研究和文献检索，堪称高校科研工作的核心支持力量。

2.7.3 少数民族地区图书馆蓬勃发展

随着中国图书馆事业的发展，少数民族地区逐渐建设起一批服务于当地民众的图书馆，专门收集和保存少数民族语言的文献。

为满足多民族需求，少数民族图书馆收藏了大量藏文、维吾尔文、哈萨克文等少数民族语言的书籍，涵盖历史、文化、文学等内容。这些图书馆还提供民族语言的阅读活动和文化讲座，保护和传承少数民族的文化。

少数民族图书馆也是推广少数民族文化的重要平台，它们通过定期组织少数民族书籍的读书会、文化讲座和展览等方式，促进了各民族的文化交流和融合。

2.7.4 致力融入全球图书馆体系

中国图书馆积极与世界范围内的图书馆合作，推动文献数字化和学术资源的国际共享，进一步提升了资源的多样性和开放性。中国的许多图书馆都与国外图书馆建立了馆际合作关系，通过交换书籍、共享文献资源，丰富了各自的馆藏数量。国家图书馆和许多大学的图书馆还与一些国际机构达成了合作关系，也推动了文献资源的全球共享。许多大学图书馆还引进了国际学术数据库，以方便学术界接触最新的国际研究成果。此外，国家图书馆也加入了全球开放获取资源网络，为国内外读者提供了广泛的开放资源。

近年来，国家图书馆和一些地方图书馆通过实践"走出去"战略，将中国的文化和图书资源介绍到了海外；又通过"请进来"战略，大量引入海外的经典著作和研究成果，这些举措都促进了中外文化的相互学习和理解。

2.8 中国在智慧图书馆与图书馆公共服务拓展领域的进展

自20世纪80年代起，国内的各大图书馆开始引入自动化管理系统，实现了借还书、图书检索、馆藏管理的数字化。如今，随着自动化系统和RFID（Radio Frequency Identification 射频识别）技术的普及，图书馆的运营管理变得更加高效。

国家图书馆发起的全国数字图书馆工程，将馆藏资源数字化并向全国开放，形成了一个全国性的数字图书馆系统，为各地读者提供了丰富的共享数字资源。

伴随人工智能和物联网技术的不断进步，建设智慧图书馆成为国内图书馆体系发展的重要趋势。一些图书馆逐步引入了智能服务，例如自助借还书设备、智能机器人咨询服务等，提升了读者的阅读体验和图书馆管理效率。智慧图书馆利用数据分析、个性化推荐、智能化检索等技术，为读者提供了更加便捷的个性化服务。

目前，国内的图书馆更注重其多维度的开放性，逐渐成为知识共享和文化传播的公共平台。图书馆通过移动端应用、小程序应用等方式，进一步提升了资源的可及性和使用率。

在这个信息爆炸的社会中，图书馆已不仅仅是书籍的存储地，还肩负着信息素养教育的任务，致力于帮助公众提升信息筛选、使用的能力，教授公众如何使用数字资源、检索学术信息，在信息时代继续发挥着重要的社会教育功能，称得上是帮助公众提升获取信息和管理能力的学习基地。

近年来，国内各类图书馆组织的读者活动包括讲座、读书会、展览等，在教育、文化普及等方面发挥了重要作用。图书馆业已成为公众获取知识和交流思想的文化平台。

许多图书馆更积极地参与到社会公益项目中去，如为低收入家庭提供免费图书、为老年人开设阅读辅导课等，发挥着社区支持和文化服务的多重作用，并成为社会服务的重要组成部分。

2.9 中国图书馆未来的发展方向

中国图书馆事业的演变，经历了从古代官府和私人设立的藏书机构，到近现代出现的公共图书馆，再到如今兼具信息化、智能化、国际化、服务多元化的现代化图书馆等多个阶段。这一历史进程中，图书馆不再仅是知识的存储和传承场所，还不断扩展着社会服务职能，成为教育、文化和公共服务的重要场所。总的来说，随着科技的进步和社会需求的变化，图书馆已经从一个藏书之地，转变成为知识服务、社会教育和文化传播的关键平台。

接下来，中国的各类图书馆将继续整合全国的数字资源，以实现更加高效的共享机制。全国图书馆联合目录、云图书馆等系统将进一步提升信息共享的能力，扩大公共资源的可及性。

人工智能、5G 或 6G 网络、物联网等技术的发展和普及将推动智慧图书馆的跨越式发展，图书馆将采用智能化设备、个性化推荐系统、虚拟现实技术等，为读者提供更具人性化、更具融入感的服务。

今后，图书馆的公共文化服务职能将进一步得到加强，通过举办文化讲座、展览、创客空间等活动，大大丰富公众的文化生活，成为人们交流思想、获取信息、拓展知识的重要场所。在发展过程中，图书馆的教育职能也将不断增强，不仅为青少年、学生服务，也能带领成年人和老年人实现终身学习，最终提升全社会的信息素养和学习能力。

未来，中国的图书馆将继续顺应时代发展的需要，在智慧化、数字化、服务多元化的方向上不断拓展，为构建知识型社会、实现全民阅读、促进全球文化交流做出更大的贡献，成为构建书香社会的重要支柱。

3. 现代化图书馆的功能

现代图书馆的功能早已不限于书籍保存和借阅，正在向集知识存储、知识服务、社会教育、文化交流等多功能于一体的文化平台发展。以下就现代化图书馆的一些主要功能做简要介绍：

3.1 信息与知识存储功能

3.1.1 传统的文献收藏功能

图书馆依然保持着知识的传统保存和传承方式，通过收藏图书、期刊、报纸等传统纸质文献，满足不同群体的阅读需求。

3.1.2 数字资源存储

现代化图书馆正在加大收藏电子书、数据库、数字报刊、音频、视频等多媒体资源的力度，构建数字化存储系统，使资源更易于搜索和获取，更方便远程访问。同时，通过数字存储，知识的永恒存储将成为可能。

3.2 信息检索与知识服务功能

3.2.1 在线目录和检索系统

图书馆为读者提供在线公共访问目录（OPAC），方便读者检索馆内的图书和数字资源。读者可以通过关键词、作者、出版年份等方式快速找到所需文献。

3.2.2 数据分析与知识管理

现代图书馆采用数据分析技术，对馆藏使用情况、读者偏好等信息进行分析，帮助馆员优化资源配置，以满足读者的多样化需求。

3.3 借阅服务与资源共享功能

3.3.1 自助借阅与还书

许多现代图书馆设置了自助借还书机，读者可以自行办理图书的借阅和归还，这样的举措提升了服务效率，节约了人力资源。

3.3.2 资源共享与联合目录

通过馆际合作，许多图书馆实现了资源共享和跨区域或国际文献共享和交换。读者可以依托自己所在地区的图书馆，借阅、查询其他图书馆的资源。

3.4 信息素养教育功能

3.4.1 信息检索和使用培训

图书馆举办的信息检索、数据查询培训课程，可以帮助读者提升信息获取和管理的能力，特别是帮助学生和研究人员掌握科学的文献检索方法。

3.4.2 信息素养教育和指导

随着信息时代的发展，图书馆逐渐承担起了信息素养教育的任务，为公众提供筛选、评估和合理利用信息的指导，提高读者的独立学习能力和信息分析能力。

3.5 终身学习与教育支持功能

3.5.1 知识讲座和学习活动

图书馆通过组织各类知识讲座、读书会、学习班等活动，为公众提供学习机会，向他们普及健康、法律、科技等多个领域的知识。

3.5.2 在线教育资源支持

许多图书馆提供在线教育平台和课程资源，支持读者进行远程学习。尤其是职业技能、语言学习等方面的课程资源，能够帮助人们在短时间内获得知识和提升技能。

3.6 学术支持与研究服务功能

3.6.1 学术资源提供

现代图书馆通常建有丰富的学术数据库，里面的电子期刊、学位论文、研究报告等，是推进学术研究和教育事业的重要资源。

3.6.2 学术咨询与文献管理

许多图书馆提供学术咨询、文献综述、论文检索等个性化服务，帮助科研人员获取最新研究动态，为学术研究提供全方位的支持。

3.7 文化推广与社区服务功能

3.7.1 读书会和书展活动

图书馆举办的读书会、图书展览等活动，推广了阅读文化，也让更多人参与到了阅读当中，为社会营造出了浓厚的书香氛围。

3.7.2 社区服务与社会支持

现代图书馆为社区居民提供丰富的社会服务，如儿童活动、老人阅读辅导、移民语言学习等，成为社区成员学习、社交的重要场所。

3.8 创意与创新支持功能

3.8.1 创客空间（Makerspace）

许多图书馆设立了创客空间，里面的 3D 打印机、激光切割机、手工材料等先进设备让公众可以自主完成动手制作、艺术创作等创新活动，激发其创意灵感。

3.8.2 数字技能培训

针对公众对于数字化技能的需求，图书馆提供计算机编程、软件设计、影像制作等数字技能培训课程，为其提供创新学习资源。

3.9 历史文化保护与传承功能

3.9.1 古籍与地方文献保护

图书馆负责古籍、地方志、家谱等珍贵历史文献的保存与修复，特别是国家图书馆、地方档案馆，往往承担着文化传承的重要职责。

3.9.2 数字化保护与传播

许多图书馆将珍贵文献、历史档案进行数字化处理，进而通过互联网将其向公众开放，在保护文化遗产的同时使之得到广泛传播。

3.10 社交空间与心理支持功能

3.10.1 公共社交空间

现代图书馆提供了开放、舒适的社交空间，读者可以在这里与他人交流，开展小组讨论，社交功能日益增强。

3.10.2 心理健康和疗愈阅读

图书馆不仅对外提供心理健康类书籍，还会组织专门的阅读治疗小组和举办"心灵讲座"，帮助读者在阅读中找到心灵的安慰和支撑。

3.11 智慧图书馆与智能化服务

3.11.1 个性化推荐系统

大数据和人工智能技术让图书馆可以为读者提供个性化的图书推荐、阅读路径和学习资源，使阅读更加精准和便捷。

3.11.2 智能检索与虚拟咨询

现代图书馆设置了智能检索系统和虚拟咨询服务，读者可以通过语音识别或 AI 助手获取图书馆信息，实现智能化的阅读体验。

3.11.3 自助和远程服务

许多图书馆提供远程预约、自助借书、自助还书和智能书柜等服务，不仅提升了服务的效率和便捷性，也使之在一定程度上突破了时间和空间的限制。

3.12 公众紧急避难和救助功能

3.12.1 公共避难场所

在一些国家，图书馆被指定为紧急情况下的避难场所，例如遇到地震、台风、极寒等自然灾害时，图书馆可以向人们提供临时庇护。

3.12.2 应急信息中心

在紧急事件发生时，图书馆可以成为信息发布和传播的中心，为公众提供准确信息，帮助他们及时应对危机。

总之，现代图书馆的功能已经从单一的书籍借阅和存储扩展到了知识服务、文化推广、社区支持等众多方面。图书馆不仅是获取信息的场所，更是支持学习、促进创新、提升社区凝聚力的公共空间。未来，随着技术的发展和公众需求的变化，图书馆将继续在智慧化、个性化和多元化服务上深入拓展，为公众提供更加丰富、更加全面、更加专业的文化与知识服务。

4. 现代化图书馆的服务宗旨

现代化图书馆以以人为本、服务社会为宗旨，致力于为公众提供便捷的知识获取路径和提供多样化的学习支持，进而构建一个全民学习、信息共享和文化交流的公共空间。具体来说，现代化图书馆的服务宗旨主要包括以下几个方面：

4.1 以读者为中心，满足多样化需求

4.1.1 关注读者需求

现代化图书馆注重倾听和回应读者的声音，通过提供个性化服务和丰富的资源，满足不同年龄、职业、文化背景的读者群体的需求。

4.1.2 提升用户体验

现代化图书馆在服务设计上强调用户体验，通过友好的设施、便捷的服

务流程和丰富多样的活动，让读者在图书馆感受到优质的体验，让他们带着满意、愉悦的心态阅读、学习。

4.2 促进知识获取和信息共享

4.2.1 开放知识资源

现代化图书馆作为知识的集散地，致力于为社会公众提供广泛的知识资源和信息获取渠道，使所有人都有平等的机会接触到知识和信息。

4.2.2 推动资源共享

现代化图书馆通过馆际互借、数字资源共享等机制，扩大了信息资源的可及性，满足了读者多样化的学习、研究和信息获取需求，推动了知识和信息的公平共享。

4.3 支持终身学习和个人发展

4.3.1 支持终身学习

现代化图书馆通过提供在线课程、开展技能培训、制作数字资源等服务，帮助公众增长知识和提升技能，为个人终身学习提供支持平台。

4.3.2 职业发展与教育支持

现代化图书馆通过提供职业发展课程、考试资源、学术研究资料，帮助读者提升职业素养、获取教育资源，支持他们在工作和学习中不断成长。

4.4 推广阅读文化与社会教育

4.4.1 推动阅读文化

现代化图书馆通过举办阅读推广活动、读书会、讲座等方式，激发公众的阅读兴趣，打造书香社会，让阅读成为社会的一种风尚和生活方式。

4.4.2 进行社会教育

现代化图书馆通过提供文化展览、专题讲座、信息素养培训等服务，引导公众关注社会问题、提升文化素养。这既是它们自觉承担社会教育的职能，也使之成为社会进步的推动力量。

4.5 倡导信息素养与数字化技能

4.5.1 提升信息素养

随着社会中各种信息的急剧增加，现代化图书馆正在承担起信息素养教育的责任，培养公众的信息检索、评估、使用等技能，帮助读者在信息化时代更好地管理和利用信息。

4.5.2 培养数字技能

现代化图书馆通过提供数字化资源、开设技能培训课程等方式，帮助公众提升在数字化环境中的学习和工作能力，使其能够满足现代社会对数字技能的需求。

4.6 创新服务方式，打造多功能文化空间

4.6.1 创新服务模式

现代化图书馆结合科技不断创新，推出数字图书馆、24 小时自助图书馆、智能推荐系统等都能为读者提供更加便捷、智能的服务。

4.6.2 多元文化空间

现代化图书馆不仅是知识和信息的聚集地，更是一个社交和文化交流的空间，举办的艺术展览、文化沙龙、创客活动使之成为丰富社区文化生活的重要场所。

4.7 促进社区发展与社会凝聚力

4.7.1 支持社区活动

现代化图书馆积极参与和支持社区活动，通过开展亲子阅读、老年人活动、公益讲座等活动，增强社区居民的归属感和凝聚力，推动社区的文化发展。

4.7.2 提供社会支持服务

现代化图书馆还为老年人、残障人士、移民等特殊群体提供服务和帮助，这不仅促进社会变得更加包容和公平，也使图书馆在社会服务领域扮演

了重要角色。

4.8 保护文化遗产与推动文化传承

4.8.1 保护文献资源

现代化图书馆致力于珍贵文献、古籍的保护和数字化，让这些文化遗产能够得到更好的保存。

4.8.2 推动文化传承

现代化图书馆通过展览、讲座、地方文化活动等方式积极推广文化，使历史和传统文化得到了更多人的了解和尊重。

总的来说，现代化图书馆的服务宗旨体现了平等、共享、学习、创新的理念，它不仅是存储和传播知识的场所，更是服务社会、支持学习、促进文化发展的重要公共平台。图书馆通过高效的服务、丰富的资源和多样化的活动，为个人成长、社会教育、社区发展、文化传承贡献了力量，推动了知识型社会的全面发展。

5. 读者服务在图书馆运营中的地位和作用

读者服务在图书馆运营中具有核心地位，直接关系到每一个图书馆的社会影响力和群众满意度。图书馆的运营不仅在于丰富图书的馆藏数量，更重要的是以读者为中心，通过优质的服务满足人们多样化的阅读需求和学习需求。关于读者服务在图书馆运营中的地位和作用，主要包括以下几点：

5.1 读者服务是图书馆运营的核心任务

5.1.1 服务读者是图书馆的根本宗旨

图书馆的使命是为公众提供获取知识的途径，读者服务贯穿图书馆的所有功能，包括书籍借阅、信息咨询、文化活动等等。因此，读者服务理应成为图书馆运营的核心。

5.1.2 满足多样化的用户需求

随着社会的多元化发展，读者对图书馆的需求也逐渐变得多样化，既包括借阅书籍，也包括信息获取、技能提升、文化交流等。高质量的读者服务能让图书馆更有效地满足不同用户群体的需求，提高用户对图书馆的依赖度和满意度。

5.2 读者服务是评定图书馆服务质量的关键指标

5.2.1 以提升用户体验为目标

读者服务是图书馆工作的基础。包括工作人员的服务态度、馆内设施的便捷性、信息咨询的响应速度等，都是影响读者体验的重要因素，良好的读者服务可以有效提升用户体验，增强图书馆的吸引力。

5.2.2 以读者满意度为衡量标准

读者服务是衡量图书馆服务质量的重要指标，读者的反馈和满意度直接反映了图书馆服务的成效。图书馆应当通过定期收集读者反馈等手段，不断改进服务内容和方式，提升服务水平。

5.3 读者服务能提升图书馆的资源利用率

5.3.1 读者服务帮助读者更高效地利用馆藏资源

许多读者对于如何有效利用图书馆资源缺乏了解，推荐相关书籍、指导检索技巧等读者服务则可以帮助他们更好地检索、获取和使用资源，从而提高馆藏资源的利用率。

5.3.2 实现资源的多层次共享

读者服务还包括通过馆际互借、文献传递、联合目录检索等方式，使读者得以使用更多资源。这不仅扩大了读者的选择范围，也提高了资源的利用效率。

5.4 读者服务是信息素养教育和知识推广的核心

5.4.1 信息检索与资源使用指导

现代图书馆的读者服务已扩展至信息素养教育领域，即为读者提供信息检索、数据分析、文献管理等相关培训，帮助他们提升获取、评估和管理信息的能力。

5.4.2 推动知识普及与终身学习

读者服务不仅是要帮助读者获取知识，还要提升他们的学习能力，为其终身学习提供支持。例如图书馆开展的各类讲座、读书会、培训班等活动，能在传播知识的同时，为更多人提供学习机会。

5.5 读者服务能促进图书馆的文化传播和社会参与

5.5.1 文化活动和社区服务

读者服务还包括组织开展读书会、展览等文化活动，吸引不同年龄和兴趣的读者参与，提升其文化素养。通过这些活动，图书馆可以成为社区的文化中心，为社会成员提供文化交流的平台。

5.5.2 扩大图书馆的社会影响力

图书馆的读者服务不仅局限于馆内，还涉及公共领域。例如通过参与公益活动、支持文化项目等方式，图书馆可以进一步提升自身的社会影响力，扩大公众对图书馆的认知和关注。

5.6 读者服务能增强读者与图书馆的互动

5.6.1 读者反馈和服务改进

读者服务的一个重要环节是互动，即工作人员主动收集读者的意见和建议，了解读者的真实需求，进而改善自己的服务，营造以读者为中心的阅读环境。

5.6.2 社交互动和社区归属感

组织互动活动也是读者服务的一部分。如书评交流、手工制作、创客活动等活动不仅满足了读者的文化需求，还帮助他们在图书馆中找到了归属感。读者参与度高、互动性强的图书馆可以形成积极的社区文化，增强读者相互之间的联系。

5.7 读者服务是推进智慧图书馆建设的重要途径

5.7.1 数据分析与个性化服务

智慧图书馆利用数据分析，向读者提供个性化的书籍推荐、智能检索、远程预约等服务，帮助读者更高效地获取资源。这种智能化的读者服务不仅提升了效率，还满足了读者个性化的需求。

5.7.2 智能设施的便捷性

自助借还书机、智能书柜、虚拟咨询等智能设施能够极大地优化图书馆的服务模式，使图书馆更加现代化、便利化，更适应当代读者的生活节奏。

5.8 读者服务是图书馆服务创新和持续改进的重要推动力

5.8.1 创新服务模式

随着社会需求和技术进步的发展，图书馆提供的读者服务也在不断创新。而像创客空间、儿童活动区、24小时自助图书馆等全新服务，则能为读者带来新的体验。

5.8.2 服务改进和反馈机制

定期的读者满意度调查和反馈机制能够使图书馆了解自身服务的优缺点，进而进行调整和改进，在不断提升读者服务水平的同时，帮助图书馆实现可持续发展。

总之，在现代图书馆运营中，读者服务处于核心地位，是实现图书馆社会价值和影响力的关键。高质量的读者服务不仅能满足读者的阅读和学习需求，还推动了信息素养教育、文化传播、社区服务和智慧图书馆建设。它是图书馆服务创新的主要推动力，使图书馆在不断改善服务的过程中真正成为服务公众、促进知识传播的重要公共平台。

6. 图书馆读者服务的内容

图书馆读者服务的内容非常多样，围绕读者需求提供的从基本借阅到知识咨询、文化活动、信息素养教育等多层次的服务，大致包括以下几个方面的内容：

6.1 基本借阅服务

6.1.1 图书借阅和归还

图书馆提供纸质书籍、期刊、报纸等文献资料的借阅和归还服务，通常包含图书续借、预约、预订等功能。

6.1.2 自助借还服务

许多图书馆提供自助借还书机，方便读者自行办理借阅和归还手续，提高服务效率。

6.1.3 流动图书馆与馆际互借

图书馆会面向偏远地区或缺乏阅读资源的读者提供流动图书馆或馆际互借服务，方便他们获取资源，保证其阅读条件。

6.2 信息咨询与参考服务

6.2.1 读者咨询服务

图书馆设置有面对面、电话、邮件、网络平台等多种形式的咨询服务，帮助读者解答关于图书馆资源、借阅规则、书目检索等问题。

6.2.2 信息服务

图书馆为读者提供文献检索、资料查找、数据分析等信息服务，特别是在学术研究中，它可以帮助研究人员更快速地获取专业文献。

6.2.3 虚拟服务

许多图书馆建立了在线咨询平台，读者可以通过网站、微信、APP等随时查询、阅读自己需要的图书。

6.3 信息检索和资源利用指导

6.3.1 书目检索服务

通过图书馆提供的在线目录（OPAC），读者可以借助关键词、主题、作者等信息进行书籍检索，快速找到馆藏资源。

6.3.2 数据库使用培训

图书馆为读者提供的学术数据库、电子期刊、数字资源等的使用培训服务，可以帮助读者掌握检索和筛选技巧，提升信息获取效率。

6.3.3 信息检索课程和讲座

图书馆定期开展的信息检索、数据查询、文献管理等课程或讲座，尤其适合高校和科研图书馆，方便这类读者在学术研究中更高效地使用图书馆资源。

6.4 数字资源与电子服务

6.4.1 数字资源阅览

图书馆提供电子书、电子期刊、数字报纸、音频和视频资源的在线阅览服务，方便读者随时随地使用资源。

6.4.2 远程访问服务

许多图书馆会提供给读者 VPN 或在线账号，方便他们通过网络远程访问数字资源，这类服务在高校和科研领域中有着广泛的应用。

6.4.3 电子书外借

有些图书馆提供电子书的外借服务，读者可以将其下载到个人设备，这对于不方便经常上网的读者来说是极大的便利。

6.5 信息素养与学习支持

6.5.1 信息素养培训

图书馆通过数据分析、信息管理、科研写作等课程开展信息素养教育，提升了读者的信息筛选、评价和使用能力。

6.5.2 学术支持服务

图书馆可为高校和科研机构的读者提供学术支持，如文献综述、数据分析指导、论文检索等，帮助科研人员和学生获取所需的学术资源。

6.5.3 终身学习支持

图书馆为读者提供从职业技能到语言学习、心理健康等多方面的学习资源和课程，以此帮助读者利用图书馆实现个人成长，实践终身学习。

6.6 读书推广与阅读活动

6.6.1 读书会和书友沙龙

图书馆定期组织主题读书会和书友沙龙活动，邀请读者分享阅读体验、推荐书籍，这些都促进了读者之间的互动交流。

6.6.2 书单推荐与书展

图书馆根据不同读者的需求推荐书单，或者举办主题书展，都是在帮助读者选择合适的图书的同时，推广优秀书籍。

6.6.3 儿童阅读活动

针对儿童和青少年群体，图书馆会组织绘本故事会、亲子共读、阅读比赛等活动，培养他们的阅读兴趣和习惯。

6.7 社区服务与社会支持

6.7.1 多样化群体服务

图书馆会为老年人、儿童、残障人士等特殊群体提供专门服务，如组织老年人阅读辅导和建立无障碍阅览室等。

6.7.2 公益讲座和展览

图书馆举办的健康、法律、历史等方面的公益讲座和展览，可以帮助社区居民拓宽知识面，获得与生活相关的实用信息。

6.7.3 心理健康支持

图书馆通过推荐心理学类书籍、开展"心灵讲座"或组织读书疗法小组等形式，为读者提供了精神支持，帮助他们从阅读中得到心灵慰藉。

6.8 创意活动与创客空间

6.8.1 创客空间服务

许多图书馆开设有创客空间，利用 3D 打印、激光切割等设备引导读者进行创新实践，激发他们的创造力。

6.8.2 手工、艺术工作坊

许多图书馆通过组织各类手工活动和艺术创作工作坊，让读者参与到创作中，增加了阅读的互动性和趣味性。

6.8.3 数字技能培训

许多图书馆开设有计算机编程、软件设计、视频编辑等数字技能培训课程，为读者提升数字化能力提供了支持，满足了他们的创作和学习的需求。

6.9 知识咨询与个性化服务

6.9.1 个性化阅读推荐

不少图书馆开始利用大数据分析读者的阅读历史、兴趣偏好，为其提供个性化书单，让阅读更具针对性。

6.9.2 定制化文献检索服务

图书馆为科研人员和企业用户提供的定制化文献检索服务，能帮助用户快速找到所需要的资料。

6.9.3 个性化学习方案

图书馆为有特定学习目标，如考研、留学、职称考试的读者提供个性化学习方案和资源，帮助他们更高效地完成学习任务。

6.10 智慧图书馆服务

6.10.1 智能检索系统

利用人工智能技术，图书馆可向读者提供智能检索和智能推荐服务，从而提升检索精准度，让读者获取信息更快捷。

6.10.2 自助服务与便捷设施

图书馆通过智能书柜、自助借还书机、24 小时自助图书馆向读者提供便捷的服务，使之可以随时享受图书馆资源。

6.10.3 虚拟咨询与智能助手

一些图书馆引入了虚拟咨询服务或智能机器人，为读者提供 24 小时在线咨询，随时解答他们的疑问，提升读者体验。

6.11 古籍保护与历史文化传承

6.11.1 古籍数字化

现代图书馆致力于古籍和珍贵文献的数字化，使读者阅读古籍资源的需求得到保证的同时，最大程度上保护那些古老的纸质书籍。

6.11.2 文化讲座和历史展览

图书馆定期举办的文化讲座和历史展览，可以为读者提供更加丰富的文化体验，传播历史知识。

6.11.3 地方文化资料的保存与推广

地方图书馆组织的本地历史展览、讲座，可以让更多当地居民了解地方志、家谱等地方文献，加深对所在地区的历史和文化的认同感。

目前，图书馆的读者服务已从基本的借阅服务扩展到信息咨询、知识推广、社区支持、个性化服务等多个方面，覆盖了读者学习、成长、文化体验等各个层面。现代图书馆的读者服务以满足读者多样化需求为核心，通过提供知识获取、技能提升、文化交流等服务，图书馆已日渐成为公共教育和文化传播的重要场所。而创新和丰富的读者服务不仅提升了图书馆的服务质量，也增强了其社会价值和文化影响力。

7. 图书馆读者服务的发展趋势

图书馆读者服务正随着社会需求、技术进步和信息环境的变化而不断发展，以下简要分析未来图书馆读者服务的几个主要发展趋势：

7.1 数字化与在线服务

7.1.1 远程访问与在线资源

未来的图书馆读者服务将进一步推进数字化程度，向读者提供更多的电子书、数据库、数字期刊等在线资源，同时完善远程访问系统，让读者可以随时随地获取馆藏资源。

7.1.2 虚拟图书馆

越来越多的图书馆将建立、完善虚拟图书馆平台，向读者提供电子书借阅、虚拟参观、实时咨询等服务，实现虚拟与实体图书馆的有机融合。

7.1.3 云服务与资源共享

图书馆将依托云计算技术，创建图书资源的共享平台，建立跨区域的资源共享机制，让读者在一个平台上就可以访问到多地的图书馆资源。

7.2 智能化与个性化服务

7.2.1 人工智能推荐系统

图书馆将利用人工智能、大数据技术为读者推荐个性化的阅读资源，满足不同用户的兴趣和需求。

7.2.2 智能检索与语音服务

智能检索系统和语音助手将帮助读者更快地找到所需资源，通过语音搜索、智能导航等方式可以实现精准查询，提高信息获取的效率。

7.2.3 虚拟咨询与智能机器人

图书馆将配备虚拟咨询平台和智能机器人，为读者提供 24 小时在线咨询服务，随时满足他们的业务咨询、资料查找、书籍推荐等需求，突破服务时间的限制。

7.3 自助与便捷化服务

7.3.1 24 小时自助图书馆

未来的图书馆将继续推动 24 小时自助图书馆、智能书柜等服务的发展，让读者在非营业时间也能便捷地借阅和归还图书，提供无间断的服务体验。

7.3.2 移动图书馆与随身阅读

随着移动设备的普及，图书馆将进一步优化手机端应用和小程序，让读者在任何时间、地点都能获得如移动借书、预约、资源下载等图书馆服务。

7.3.3 无人化管理和自助服务设施

一些图书馆会增加无人值守的区域，通过 RFID 技术、自助借还机等实现无人化管理，让读者享受更自由的借阅体验。

7.4 多元化与深度服务

7.4.1 知识服务与学术支持

未来的图书馆将不仅限于为读者提供阅读资源，而且不断加强学术咨询、文献管理、知识分析等深度知识服务的力度，使之成为读者学习和研究的有力支持。

7.4.2 终身学习与职业发展支持

图书馆将增加职业发展和终身学习的支持服务，通过提供在线课程、职业技能培训、考试资源等服务，帮助读者提升个人竞争力和学习能力。

7.4.3 心理健康与疗愈服务

针对社会需求，未来图书馆将增加心理健康相关的服务内容，如心理学书籍推荐、"心灵讲座"、读书疗法等，帮助读者在精神上得到安慰和支持。

7.5 文化推广与社区融合

7.5.1 创意活动与文化传播

图书馆将加大文化推广力度，举办更多的文化创意活动、艺术展览、文化沙龙等，使图书馆成为文化传播和创新的中心。

7.5.2 社区支持与社会责任

未来图书馆的社区服务功能将进一步加强，如通过为儿童、老年人、移民等群体提供阅读推广、语言辅导、技术支持等服务，为构建稳定、和谐、充满凝聚力的社会做出贡献。

7.5.3 创客空间与创新支持

图书馆将扩展创客空间的设备和功能，通过引入更多的与 3D 打印、编程设计等领域相关的设备设施，鼓励读者在图书馆中发挥创意、实现创新，推进艺术与技术的结合。

7.6 信息素养教育与技能培训

7.6.1 信息素养课程体系化

随着信息数量的增加和复杂性的提升，图书馆将进一步打造系统化的信息素养教育体系，为读者提供一系列的信息检索、数据分析、知识管理等技能培训课程。

7.6.2 数字技能培训

图书馆将扩展数字技能培训内容，如提供编程、人工智能应用、视频编辑、平面设计等领域的图书资料、举办相关讲座或培训，帮助读者在这方面提升素养，以适应数字化时代的需求。

7.6.3 研究数据服务

高校和科研图书馆将提供更多的数据服务，帮助研究人员进行数据管理、数据分析、数据存档和数据共享，支持科研和学术工作的发展。

7.7 跨界合作与资源整合

7.7.1 馆际合作与资源整合

未来图书馆将与其他图书馆、教育机构、文化机构建立更紧密的合作，形成馆际间的资源共享平台，实现书籍、学术资源的多方共享。

7.7.2 文化机构与媒体合作

图书馆还将与博物馆、美术馆、电视台等文化机构合作，联合举办跨界文化活动，或者通过推出联合阅读推广计划和线上资源等方式，为读者提供更丰富的文化体验。

7.7.3 企业合作与知识服务

图书馆还将与企业、科技公司等建立合作，搭建职业教育、知识服务、技能培训等业务平台，扩展图书馆的读者服务种类，使图书馆服务进一步社会化和实用化。

7.8 可持续发展与绿色图书馆

7.8.1 绿色建筑与环保设施

未来的图书馆建设将更加注重贯彻可持续发展的理念，通过使用绿色材料、节能设备等方式减少能源消耗，为民众倾力打造环保、健康的阅读环境。

7.8.2 资源共享与低碳运营

图书馆未来将不断加强资源共享，减少书籍资源的重复采购，提高资源利用率，减少纸张浪费，为构建低碳社会贡献一份力量。

7.8.3 绿色教育与环保意识推广

图书馆将会通过推广关于可持续发展、增强环保意识的书籍和教育内容，开设相关讲座、展览等多种方式，搭建宣传可持续发展理念的平台，提升读者的环保意识。

7.9 增强现实（AR）和虚拟现实（VR）服务

7.9.1 沉浸式阅读体验

未来，图书馆将继续创造 AR 和 VR 技术的应用场景，让读者可以通过它们更深入地理解书籍内容，特别是在历史、科学等领域，这些服务会让读者收获更好的阅读体验。

7.9.2 虚拟博物馆和在线展览

图书馆可以利用 VR 技术建立虚拟博物馆或展览,让读者可以在线参观图书馆的历史资料和珍本、善本图书,扩大图书馆在文化领域的影响力。

7.9.3 AR 导览和互动服务

通过 AR 导览,读者可以使用手机等设备在馆内轻松获得书籍介绍、场馆信息等信息,让阅读、参观变得更加方便。

未来,图书馆的读者服务将更加多样化、个性化和智能化。通过紧密结合技术发展和社会需求,提供数字化、智能化、自助化的服务,图书馆将不再只是书籍的存放场所,而是一个多功能的社会公共空间,它能帮助公众获取知识、学习技能、交流思想,培养他们的创新思维和终身学习理念;还能推动知识、教育、文化事业的发展,增强社会、各地区群众的凝聚力和文化认同感。

8. 图书馆如何构建创新性的信息服务平台

构建一个创新性的信息服务平台可以使图书馆为读者提供个性化、智能化的服务,更加高效地满足读者的需求,提升他们获取和使用信息的便利性。以下是图书馆构建创新性信息服务平台的关键步骤和基本要素:

8.1 需求分析与用户调研

8.1.1 明确读者需求

通过调研、问卷、访谈等方式了解读者的实际需求,包括他们习惯获取信息的方式、使用偏好、学习目标等,以此为基础设计平台的功能。

8.1.2 数据分析与行为洞察

通过分析不同读者的历史借阅、内容检索、资源使用情况,挖掘出他们共同关注的主题、信息,将这些内容作为平台的基础数据。

8.2 构建全面的数字化资源体系

8.2.1 数字资源整合

将馆藏电子书、电子期刊、学术数据库、音视频等多种数字资源进行整合，建立多元化的信息资源库，为读者提供广泛的数字资源支持。

8.2.2 建立资源共享机制

通过与其他图书馆、教育机构、数据库供应商合作，构建跨馆、跨平台的资源共享网络，扩大资源覆盖面，提升平台信息的丰富度。

8.2.3 开放数据接口（API）

通过开放数据接口，将图书馆的数字资源与外部数据系统进行对接，方便用户获取丰富的信息资源，提升平台的互操作性。

8.3 智能化信息检索与个性化推荐

8.3.1 智能检索引擎

采用自然语言处理、语义搜索等技术构建的智能检索引擎，能够使读者通过关键词、主题、语义等多种方式检索所需资源，提升搜索的准确性和效率。

8.3.2 个性化推荐系统

利用大数据和机器学习算法，分析读者的历史借阅、阅读偏好，可以为读者提供个性化的信息服务，使之轻松获得符合兴趣和需求的图书、学术资源、活动信息。

8.3.3 语音识别和语义理解

基于语音识别和语义理解技术为平台增加语音搜索功能，可以让读者通过语音命令快速获取信息，提升平台的便捷性和互动性。

8.4 多渠道接入与全方位服务

8.4.1 移动应用和小程序

开发图书馆移动应用和小程序，能够方便读者通过手机、平板电脑随时随地访问图书馆信息服务，实现随身阅读、远程咨询、移动借阅。

8.4.2 社交平台集成

通过与微信、微博等社交平台进行集成，读者使用社交平台账号就可以登录信息服务平台。这既为读者提供了便利，也提升了平台的用户活跃度和参与度。

8.4.3 跨平台服务与云端存储

跨设备的数据同步和云端存储服务可以使读者的阅读或信息查询不因更换设备而中断，保持思维的连贯性。

8.5 数据分析与知识管理支持

8.5.1 用户行为数据分析

通过分析平台用户的行为数据，了解读者的需求变化、热点主题、访问频率等，平台可以持续优化自己的内容和功能。

8.5.2 知识图谱构建

利用知识图谱技术将相关信息进行结构化展示，可以将图书、学科、作者、研究主题等关系直观化，帮助读者快速定位和获取所需知识。

8.5.3 智能信息摘要与聚合

利用文本挖掘和自动摘要技术，可以从长篇文献、报告中提取出简洁、易懂的信息摘要，提升读者获取信息的效率。

8.6 增强现实（AR）和虚拟现实（VR）功能应用

8.6.1 虚拟导览与沉浸式体验

在平台上设置虚拟导览和 AR 展示功能，读者可以在线参观馆内的展览或活动，它特别适用于展示历史文献、艺术作品。

8.6.2 沉浸式学习体验

利用 VR 技术构建的沉浸式学习模块，可以让读者在虚拟环境中体验历史场景、科学实验、艺术展览等，获得不一样的学习体验。

8.7 开放式创客空间与互动交流模块

8.7.1 构建线上创客空间

线上创客空间可以使读者更便捷地接触到创意项目、技术分享、手工制作等内容，帮助他们开展创造性活动。

8.7.2 构建交流互动社区

互动交流社区为读者发表书评、讨论学术问题、分享学习心得提供了方便，也更能营造出互助学习和信息共享的氛围。

8.7.3 专家问答与知识分享

邀请学者、作家、行业专家入驻平台，为读者提供在线问答、知识分享服务，可以增强平台的知识支持功能。

8.8 创新学习资源与终身教育支持

8.8.1 开放课程与职业培训

与教育平台合作提供涵盖学术研究、职业发展、语言学习等领域在内的在线课程、职业技能培训资源，为读者提供系统化的学习支持。

8.8.2 虚拟课堂与学习活动

建立虚拟课堂模块，定期组织如专题讲座、读书会、讨论等在线学习活动，可以满足读者的多种学习需求，成为他们终身学习的伴侣。

8.8.3 学习记录与成就系统

为读者提供带有学习进度跟踪、学习成果展示和成就奖励功能的系统，可以增强读者的学习动力，使他们自觉地在平台上就某一领域的知识进行系统学习。

8.9 数据安全与隐私保护

8.9.1 数据加密与隐私保护

采取数据加密、隐私保护措施，可以确保用户的个人信息和使用记录安全，增强读者对信息服务平台的信任。

8.9.2 分级权限管理

根据不同用户的访问权限，可以为不同类型的读者提供分级服务，保障数据使用的安全性和规范性。

8.9.3 用户数据控制权

赋予用户对自身数据的管理权，如允许他们查看、删除个人数据，自主控制数据的公开或隐藏设置，可以增强用户的隐私保护意识和能力。

8.10 持续优化与用户的反馈机制

8.10.1 用户反馈与定期改进

设置在线反馈和满意度调查，平台可以更加及时地看到读者提出的问题和建议，进而根据这些反馈定期改进和更新功能。

8.10.2 数据驱动的优化流程

通过用户行为数据和服务反馈，定期分析平台的使用效果，可以优化搜索算法、推荐模型、页面设计，确保平台始终能够适应用户需求。

8.10.3 功能测试与用户体验优化

在平台推出新功能前进行测试，根据用户的反馈对功能和界面进行调整，可以保证用户体验和服务质量。

图书馆创新性信息服务平台的建设需要以用户需求为中心，融合智能化、个性化、数字化技术，为读者提供全面、便捷的服务。因此平台不仅要满足信息获取的基本需求，还应积极支持读者的学习、研究、创新和社交活动，以开放共享的姿态为他们搭建知识交流和终身学习的平台。通过不断优化和技术升级，图书馆的信息服务平台必然会成为公众获取知识和进行信息管理的重要工具。

9. 图书馆的服务评价体系该怎样建立

科学的图书馆服务评价体系可以有效衡量图书馆的服务质量，帮助工作人员发现工作中的不足，推动图书馆服务的优化和改进。以下是图书馆服务评价体系的主要构建步骤和一些关键要素：

9.1 明确评价目标与维度

9.1.1 目标设定

确定评价的目标，例如用户满意度、资源利用效率、服务创新能力等。明确的评价目标，有助于设计出有针对性的评价标准。

9.1.2 评价维度

根据图书馆的服务内容，设定评价维度。例如可以围绕服务质量、服务效率、资源利用、读者满意度、创新性这几大维度设置具体的评价指标，全面反映图书馆服务的实际表现。

9.2 设计科学的评价指标

9.2.1 基础服务指标

图书馆的基础服务包括借还书效率、资源更新频率、信息检索便利性、设施设备完好率等。此类指标反映了图书馆日常服务工作的基本表现。

9.2.2 读者满意度指标

包括读者对图书馆服务的满意度、对资源质量的评价、服务态度的满意度、整体体验等。可以通过问卷调查、读者反馈表等形式采集相关数据。

9.2.3 资源利用率指标

馆藏借阅率、电子资源下载量、数据库使用频率、读者访问量等反映了图书馆资源的利用效率，可以通过这些指标了解现有资源是否满足读者需求。

9.2.4 创新性服务指标

针对图书馆的信息素养培训、创客空间使用、个性化推荐效果、数字化资源更新等创新服务设立评价指标，可以衡量出图书馆的创新能力和服务拓展效果。

9.2.5 社会影响力指标

文化活动参与人数、合作项目数量、社区服务贡献、教育支持效果等指标可以考察图书馆的社会影响力，衡量图书馆在社区和社会层面的影响。

9.3 多样化数据收集方法

9.3.1 读者满意度调查

采用问卷、访谈、反馈表等方式直接收集读者对图书馆服务的评价，了解读者对图书馆服务的真实需求和期望。

9.3.2 日常运营数据

通过图书馆管理系统自动生成数据，为量化分析借阅量、图书续借率、数据库点击量、馆内访问频率等日常服务提供支持。

9.3.3 行为分析与数据挖掘

通过数据分析工具对读者的借阅、查询、活动参与等行为进行分析，发现已取得的成绩，找出提升空间。

9.3.4 第三方评估

引入第三方评估机构或咨询公司进行独立、客观的评价，确保评价的专业性和公正性，弥补内部评价可能带来的偏差。

9.4 建立定量与定性评价相结合的体系

9.4.1 定量评价

使用评分或权重计算方法分析借阅量、服务响应时间、活动参与率等基础数据，为图书馆的服务质量提供明确的数字依据。

9.4.2 定性评价

读者的意见、建议、评语等信息能够为数据分析提供补充，使评价结果更全面。

9.4.3 评分与权重分配

根据各个指标的重要性和图书馆的运营目标，为各个维度赋予不同的分值和权重，计算出综合性的评价得分。

9.5 评价结果的分析与改进

9.5.1 评价报告

综合量化数据和读者反馈定期生成服务评价报告，基于整体和各分项的评价结果详细分析图书馆服务的优缺点。

9.5.2 识别改进领域

基于评价结果发现服务中的不足之处，进而针对不同的问题，如资源利用低、服务响应慢、创新性不足等，制定有针对性的改进措施。

9.5.3 持续改进机制

将评价体系纳入图书馆的日常运营，建立持续改进机制，通过定期的评价、反馈和调整，逐步提升服务质量。

9.6 实时反馈机制与读者参与

9.6.1 读者反馈渠道

为读者提供多样化的反馈渠道，如在线评价、意见箱、社交平台互动等，使读者可以随时对服务提出建议和意见。

9.6.2 服务改进公告

通过公告栏、公众号、网站或邮件等方式公布服务改进措施，展示服务提升的成效，增加读者对图书馆服务的信任。

9.6.3 读者参与改进流程

邀请读者代表参加评价结果的讨论会或服务提升活动，激发读者的参与感，让读者在评价体系中发挥积极作用。

9.7 服务创新的评价与激励

9.7.1 创新服务指标

对图书馆的创新服务，如个性化推荐、资源数字化、建立创客空间等单独设立评价标准，关注创新服务的实用性、用户反响和推广效果。

9.7.2 创新奖励机制

设立服务创新奖励，鼓励图书馆员工提出创新服务方案，通过评价激励机制促进服务的持续创新，推动图书馆服务体系不断完善。

9.8 灵活调整与适应性评估

9.8.1 定期更新评价指标

图书馆服务随着需求变化和技术进步不断调整，评价体系、评价指标应定期更新或调整，以适应新的服务形式和需求。

9.8.2 多层次评价体系

针对不同服务内容、不同读者群体建立多层次的评价体系，确保评价内容兼顾全面性和针对性。

9.9 引入信息化工具与智能评价系统

9.9.1 数据收集自动化

采用信息化工具和图书馆管理系统，实现自动化数据收集和分析，减少人为误差，提升评价的准确性和实时性。

9.9.2 智能评价系统

利用人工智能和数据分析技术，构建智能评价系统，通过算法自动生成服务评价报告，识别读者需求趋势，为服务优化提供实时数据支持。

构建图书馆服务评价体系需要科学的指标设计、全面的数据收集、多维度的评价分析、实时的反馈和持续的改进机制。通过结合定量和定性评价、读者参与、增加创新激励等方法，图书馆可以在客观评价的基础上不断优化服务质量，为读者提供更为优质和高效的服务。需要注意的是，图书馆服务评价体系应保持灵活性，能够适应需求变化和技术发展，只有这样才能保证其长期发挥作用。

四、图书馆在阅读推广中的作用

1. 图书馆进行阅读推广的基本条件

图书馆进行阅读推广的基本条件包括资源、设施、人员和社会支持等多个方面。这些条件的准备和完善是图书馆成功开展阅读推广活动的基础。以下就这些基本条件做分类介绍:

1.1 丰富的馆藏资源

1.1.1 多样化的书籍资源

图书馆必须拥有丰富且多样化的馆藏,包括哲学思想、文学艺术、科普研究、历史文化、生活时尚、儿童绘本等等,确保满足不同年龄层和兴趣群体的阅读需求。

1.1.2 数字资源的配备

图书馆需要提供电子书、有声书、数字期刊、数据库等数字化资源,方便读者通过各种形式获取书籍和信息资源,拓宽阅读的渠道。

1.1.3 资源的更新与补充

馆藏资源需要定期更新,需要持续引进新书和热点图书,确保图书馆的资源与时俱进,保持吸引力。

1.2 专业化的推广团队

1.2.1 专业馆员团队

图书馆需要拥有一支具备专业知识和技能的推广团队，包括图书馆管理员、阅读指导员、活动策划人员等，由他们负责阅读推广活动的策划和执行。

1.2.2 外聘专家、讲师

为了增加活动的专业性和吸引力，图书馆可以邀请作家、学者、心理学专家、医学专家等作为外聘讲师或顾问，通过高质量的讲座和互动活动推广阅读。

1.2.3 志愿者支持

志愿者是阅读推广活动的重要力量，图书馆可以招募和培训志愿者参与活动的具体运行，如参与引导读者、协助现场管理等基础工作。

1.3 完善的设施和场地

1.3.1 活动场地和多功能空间

图书馆需要提供足够的活动场地，如多功能厅、阅览室、自修室、儿童活动区等，以确保能够举办读书会、讲座、展览等多种形式的推广活动。

1.3.2 多媒体设备和数字设施

图书馆需配备多媒体设备，如投影仪、音响系统、电子阅读器等，用以支持讲座、视频播放、在线直播等活动。此外，还应提供互联网接入和数字终端设备，方便读者使用电子资源。

1.3.3 无障碍设施

图书馆需提供各类无障碍设施，如无障碍通道、盲文标识、听力辅助设备等，保障各类人群都能平等地参与和享受阅读推广活动。

1.4 充足的资金支持

1.4.1 政府资助和专项资金

政府是图书馆开展阅读推广的重要保障。图书馆可以通过向政府申请资助和专项资金，以确保推广活动的正常运行和持续开展。

1.4.2 社会赞助和企业合作

图书馆还可以与企业、非营利组织和社会团体合作，争取社会赞助，为推广活动提供额外的经费和资源。

1.4.3 图书馆自身的预算安排

图书馆应在年度预算中划拨出阅读推广活动的专项经费，用于书籍采购、场地布置、人员培训、宣传推广等。

1.5 有效的宣传和推广渠道

1.5.1 线上宣传

利用图书馆官方网站、微信公众号、手机 APP、社交媒体（如微博、抖音、B 站）等平台发布活动信息、内容，扩大活动的影响力。

1.5.2 线下宣传

在图书馆内部、社区公告栏、学校、商场等公共场所张贴海报、分发宣传单页，利用这些方式扩大宣传范围。

1.5.3 媒体合作

与当地报纸、广播电台、电视台合作，发布活动新闻或现场报道，借助传统媒体提升活动的曝光率。

1.6 读者需求的调研与分析

1.6.1 定期进行读者调研

图书馆需要定期通过问卷、访谈、数据分析等方式了解读者的阅读兴趣和需求，进而围绕它们去设计活动。

1.6.2 借阅数据分析

通过分析图书借阅量、热门书籍、读者群体结构等数据，判断读者的阅读偏好和行为模式，以制定更具针对性的推广策略。

1.6.3 建立读者反馈机制

在每次活动结束后，收集参与者的反馈，了解活动效果，并根据读者的建议和意见不断优化和改进推广的内容和形式。

1.7 多元化的阅读推广形式

1.7.1 线下活动具有多样性

图书馆应具备组织各种形式活动的能力，如读书会、作家讲座、亲子阅读会、主题书展、文化沙龙等，以满足不同群体的阅读需求。

1.7.2 线上推广活动内容丰富

图书馆需要组织线上讲座、直播读书会、线上书评分享等活动，以满足不同读者的需求，让更多的读者参与到推广活动当中。

1.7.3 数字阅读平台大力支持

图书馆通过数字阅读平台提供的在线书籍、有声读物、读书打卡等服务，可以增强读者的线上互动体验，扩大推广的覆盖面。

1.8 合作与资源整合能力

1.8.1 与社区和学校合作

图书馆可以与社区、学校、幼儿园等机构建立合作关系，共同开展如亲子阅读、青少年阅读俱乐部、老年读书会等阅读推广活动，增强活动的多样性和针对性。

1.8.2 与企业与文化机构合作

图书馆可以与书店、出版社、文化馆等合作，通过书籍签售、文化展览、艺术活动等方式整合资源，实现互惠共赢。

1.8.3 争取志愿者与非营利组织的支持

从社会上招募志愿者，或与志愿服务组织合作，让推广活动得到人员支持，让活动引导、书籍推荐、读者服务等基础工作做得更好。

1.9 政策和制度支持

1.9.1 国家文化政策的支持

依托国家和地方政府出台的文化政策和全民阅读计划，获取政策支持和资金保障，确保阅读推广活动的正常、持续开展。

1.9.2 图书馆自身的制度保障

建立完善的活动策划、审批、执行和评估流程，使每一次活动都能有章可循，从而确保推广工作的规范性和有效性。

1.9.3 建立读者权益保障机制

在推广活动开始之前，图书馆需制定保障读者权益的活动细则，如隐私保护、无障碍阅读支持、参与机会平等等，确保所有读者能够放心地参与活动、使用活动资源。

1.10 设置持续的评估与改进机制

1.10.1 设立评估标准

为每个活动设立量化和质化评估标准，如参与人数、读者满意度、借阅量增长率等，确保活动效果可测量、可评价。

1.10.2 建立反馈与改进机制

定期收集读者和活动人员的反馈，并根据评估结果对活动制度、流程、内容进行优化和改进，确保活动质量能有稳定的提升。

1.10.3 积累推广经验

记录和分析每次活动的执行过程和成效，总结成功经验和不足之处，形成系统的推广案例和经验库，为后续推广活动提供参考。

总的来说，图书馆进行阅读推广的基本条件包括丰富的资源、专业的团队、完善的设施、充足的资金、有效的宣传，以及读者调研、合作支持、政策制度和持续评估等其他方面。通过保障和整合这些基本条件，图书馆可以设计并实施更具吸引力和更富成效的推广活动，推动全民阅读的有序开展，从而提升整个社会的文化素养。

2. 图书馆在阅读推广活动中的定位和特点

图书馆在阅读推广活动中的定位和特点决定了其在社会文化体系中的独特地位和影响力。

2.1 图书馆在阅读推广活动中的定位

2.1.1 公共文化的服务平台

图书馆作为一个开放的公共文化服务平台，致力于为所有公众提供公平、便捷、免费的阅读服务和资源。

它不仅仅是一个书籍借阅场所，更是一个集知识学习、学术交流、社交和参与文化活动于一体的综合性文化空间，面向的是不同年龄、背景和需求的读者。

2.1.2 知识传播与文化普及的枢纽

一般来说，图书馆是社区居民、学生、老年人等群体接触和获取知识的首选平台。因此在阅读推广中它应当扮演起知识传播和文化普及的重要角色，通过组织丰富多彩的活动和提供多样化的资源，向公众传播文学、科学、历史、艺术等各领域的知识，致力于提升全民的知识水平和文化素养。

2.1.3 全民阅读的倡导者和引领者

图书馆是推动全民阅读、倡导书香社会、引领大众的阅读习惯和风尚的重要机构。因此它应当通过系统化、品牌化的推广活动，如读书节、亲子阅读计划、青少年读书会等，引导不同群体养成良好的阅读习惯，在社会中传播阅读的价值。

2.1.4 社会包容与文化融合的促进者

作为面向全社会开放的公共空间，图书馆应在阅读推广中致力于促进社会的多样性和包容性，例如通过阅读推广活动帮助不同文化、不同语言和不同社会背景的人群互相了解和融合。

图书馆在面向特殊人群（如残障人士、老年人、少数民族等）的阅读推广中也扮演着关键角色，通过提供无障碍阅读服务和定制化活动等方式，确保所有人都能平等享受阅读的权利。

2.2 图书馆阅读推广的特点

2.2.1 公益性与开放性

图书馆的阅读推广活动具有公益性，活动中的资源和服务大多免费向公众提供，旨在为所有人提供公平获取知识的机会。图书馆的阅读推广活动具有开放性，所有人都可以进入图书馆并参与它们主办的推广活动，这有助于提升推广活动的影响力和参与度。

2.2.2 多样性与多元化

图书馆在阅读推广中会注重活动和资源的多样性，以满足不同读者的需求。还会针对不同年龄层（儿童、青少年、成人、老年人）、不同兴趣（文学、哲学、科普、艺术）和不同背景（少数民族、外籍人士）的读者设计相应的活动，这种多元化的推广形式不仅吸引了更广泛的参与者，也增强了图书馆的社会影响力和文化传播力。

2.2.3 丰富性与综合性

图书馆具备丰富的纸质书籍、电子资源、有声读物、期刊等多类型资源，可根据活动需要提供适配的内容支持。除了图书资源外，图书馆还具备开展讲座、展览、文化活动等综合性服务的能力，可以通过整合内部资源（如馆员、设备、场地等）和外部资源（如专家、志愿者、合作机构等）来实现推广形式的多样化。

2.2.4 持续性与长期性

图书馆的阅读推广活动往往具有持续性和长期性，许多推广项目会设定为每月、每季度或每年定期开展，如"读书月""亲子阅读日""青少年读书俱乐部"等。这不仅有助于让活动形成品牌效应，还培养了读者的阅读习惯，增强了他们对图书馆的信任感和依赖度。

2.2.5 地域性与社区融合

图书馆的阅读推广通常结合本地文化特色和社区需求。例如，在推广本地作家的作品、举办地方文化讲座，或开展与社区实际生活相关的阅读活动，如健康养生、环保教育等。这种地域性和社区融合的特点使图书馆能够在推广中与本地居民建立紧密联系，提升社区成员的参与度和归属感。

2.2.6 互动性与参与性

图书馆的阅读推广注重读者的参与和互动，读书会、讨论会、分享会、读者投票、创意工作坊等形式都是为了增加活动的互动性和提升读者的参与感。这些充满互动性与参与性的推广形式不仅有助于提升读者的积极性和投入度，还为图书馆了解读者需求、改进服务提供了宝贵的机会。

2.2.7 无障碍性与包容性

图书馆在阅读推广中注重为各类读者提供无障碍的服务，特别是为视障人士、听障人士、老年人等特殊群体提供有声读物、盲文书籍、手语翻译、无障碍通道等设施和服务。通过这些举措，图书馆确保所有人都能平等参与推广活动，享受阅读的权利。

图书馆在阅读推广活动中的定位是公共文化服务平台、知识传播与文化普及的枢纽、全民阅读的引领者以及社会包容和文化融合的促进者。其特点包括公益性与开放性、多样性与多元化、丰富性与综合性、持续性与长期性、地域性与社区融合、互动性与参与性，以及无障碍性与包容性。这些特点决定了图书馆在阅读推广中的优势地位，使之成为推动全民阅读、提升社会整体文化素养和促进社会和谐的重要力量。

3. 图书馆进行阅读推广的意义

图书馆进行阅读推广具有多重意义，不仅推动了文化和知识传播，也促进了社会和谐、提升了个人素养。以下将从多个维度具体论述图书馆进行阅读推广的意义：

3.1 促进全民阅读，提升社会文化素养

图书馆阅读推广活动可以激发公众的阅读兴趣，培养良好的阅读习惯，形成全民阅读的氛围。通过举办丰富多样的活动，图书馆可以帮助读者获取文学、历史、科学、艺术等领域的知识，有效推动知识的传播和文化的普及，从而整体提升社会成员的文化水平。

3.2 构建终身学习的平台

图书馆作为阅读推广的核心机构，为不同年龄和背景的读者提供了终身学习的机会。图书借阅、专题讲座、举办展览、组织读书会等多样化的活动，都能帮助读者不断学习和提升自我。

终身学习不仅有助于个人的职业发展和生活品质的提高，还能增强全体社会成员的学习能力和适应能力，推动学习型社会的建设。

3.3 促进社会公平与文化包容

图书馆的阅读推广活动向所有公众免费开放，不同年龄、性别、社会地位、经济条件或文化背景的人都可以平等地享受阅读资源和文化服务。

特别是通过无障碍阅读服务和多文化推广活动，图书馆保证了特殊群体（如残障人士、少数民族、移民等）也能够获得学习的机会，这促进了社会的包容性和多样性，减少了文化隔阂和歧视。

3.4 推动社区发展和社会和谐

图书馆的阅读推广活动往往与社区紧密结合，各种与社区居民生活息息相关的活动，如家庭阅读、亲子阅读、健康讲座、环保教育等，增强了社区

成员间的互动和联系。通过这些活动，图书馆在社区中扮演起了社会凝聚者的角色，促进了社区的和谐与发展，提升了居民的归属感和幸福感。

3.5 提升个人素质与心理健康

阅读推广活动不仅能够拓宽人们的知识面，还可以让读者通过阅读培养自己的思考能力、表达能力和批判性思维，有助于个人综合素质的提高。

而组织心理健康、励志读物或文学作品的分享活动，有助于人们舒缓压力、减轻孤独感，让参与者获得心理支持和情感慰藉，帮助他们在阅读中找到心灵的安慰。

3.6 培养青少年的阅读习惯和文化素养

图书馆通过亲子阅读、青少年读书会、与学校合作等方式，可有效培养青少年的阅读兴趣，帮助他们从小养成良好的阅读习惯。面向青少年读者的阅读推广活动不仅能提升他们的语言能力和知识水平，还将对他们的成长和价值观塑造产生积极影响，为其未来的学习奠定坚实基础。

3.7 推动信息素养与数字素养的普及

在数字化时代，图书馆不仅应推广纸质阅读，还应提供数字资源和多媒体服务，帮助读者提升信息素养和数字素养。例如通过提供数字阅读平台、开展线上讲座、推广电子书和有声书等方式，帮助读者适应和利用现代技术获取信息和知识，缩小数字鸿沟，促进数字时代的社会公平。

3.8 丰富公共文化生活，提升人们的幸福感

图书馆的阅读推广活动不仅是传播知识的途径，也是公共文化生活的重要组成部分。例如图书馆举办的各类文化活动，如书展、作家见面会、文学沙龙等，不仅丰富了市民的业余生活，使之获得了多样化的文化体验，还增强了他们的文化认同感和幸福感，进一步提升了社会文化的整体水平。

3.9 支持社会创新和经济发展

图书馆在阅读推广活动中推广科普和创新类书籍，可以帮助公众了解前

沿科技、创新理念和创业知识，激发读者的创造力和创新思维。通过支持创新创业、终身学习等活动，图书馆间接推动了人才培养和经济发展，为社会的创新活力和可持续发展提供了文化和智力支持。

3.10 构建社会记忆与文化传承的平台

图书馆不仅是知识的传播者，也是文化和历史记忆的保存者、保护者。通过推广经典文学、历史文献、地方文化，图书馆对于传统文化的传承和发展发挥着重要作用。而地方文献展览、文化讲座、经典诵读等推广形式，也可以帮助读者更深入地了解文化，感受它的深刻与厚重，从而增强文化自信。

图书馆进行阅读推广具有多重意义，包括提升社会文化素养、构建终身学习平台、促进社会公平和包容、推动社区发展、提升个人素质、培养青少年阅读习惯、普及信息和数字素养、丰富公共文化生活、支持社会创新以及传承文化等多个方面。这表明阅读推广不仅仅是图书馆的工作职责，更是推动社会进步、促进文化繁荣和增进个人幸福的有力手段。

4. 图书馆进行阅读推广的优势

图书馆在阅读推广方面具有独特的优势，这些优势使得图书馆能够有效地开展各种阅读推广活动，并对社会和个人产生广泛而积极的影响。以下是图书馆进行阅读推广的几个主要优势：

4.1 丰富而多样化的资源优势

4.1.1 多样化的馆藏

图书馆拥有大量且种类丰富的馆藏资源，包括文学、科普、历史、艺术、儿童读物等多种类型，能够满足不同读者群体的阅读需求。

4.1.2 数字化资源的支持

现代图书馆不仅提供纸质书籍，还拥有电子书、有声书、数字期刊、学术数据库等多种数字资源，读者可以通过线上和线下渠道随时获取阅读材料。

4.1.3 资源的持续更新

图书馆能够根据读者的需求和市场供给，不断更新和补充新书、热门书籍及其他资料，保持资源的吸引力和时效性。

4.2 公益性和开放性的优势

4.2.1 面向社会的免费服务

图书馆作为公共文化机构，面向社会提供免费的书籍借阅、活动参与和数字资源服务，确保所有公众不论年龄、职业、文化背景、收入水平都能平等地享受阅读推广活动。

4.2.2 全天候开放等便利性服务

图书馆在一天中的开馆时间相对较长，有些甚至开设了 24 小时智慧图书馆或自助借还设备，让读者在更长的时间范围内享受服务，增加阅读的便利性。

4.3 专业化的人员和服务优势

4.3.1 专业的馆员团队

图书馆拥有一支具备专业知识和技能的团队，包括图书馆员、阅读推广员和信息专家等等，他们能够为读者提供专业的阅读指导和个性化服务。

4.3.2 个性化书籍推荐服务

日常工作中，馆员通过与读者交流，能够为其推荐满足兴趣和需求的书籍和资源，进而提升他们的阅读体验和满意度。

4.3.3 丰富的活动组织经验

图书馆在策划和执行读书会、讲座、书展等文化活动方面具有丰富的经验，能够有效地组织和协调各类推广活动。

4.4 广泛的场地与设施优势

4.4.1 多功能空间

图书馆通常配备有阅览室、多功能厅、儿童活动区等多种场地，可以满足亲子阅读会、作家讲座、文学沙龙等不同类型和规模的活动需求。

4.4.2 现代化的设备支持

许多图书馆配备了多媒体设备、电子阅读器、无线网络等现代化设施，为举办数字阅读、线上直播、互动活动等推广活动提供了技术支持。

4.4.3 无障碍设施

图书馆注重为特殊群体提供无障碍服务，如盲文书籍、手语翻译设备、无障碍通道等，从而确保所有人都能平等地参与推广活动。

4.5 深入社区的优势

4.5.1 社区的嵌入性

许多图书馆与社区紧密结合，成为社区文化生活的中心。通过在社区设立分馆或社区书房等方式，阅读推广活动将会深入社区，居民在家门口即可参与。

4.5.2 与本地文化的融合

图书馆可以根据本地文化特色和社区居民的需求，策划具有当地特色的活动，如传统文化讲座、地方作家读书会等，增强居民的参与感和归属感。

4.5.3 与学校、企业和组织的合作

图书馆可与当地学校、企业、文化机构等建立长期合作关系，联合举办推广活动，扩大活动的覆盖面和影响力。

4.6 文化传承和知识传播的优势

4.6.1 历史和文化积累

图书馆作为知识和文化的积累中心，保存着大量经典著作、历史文献和地方文化资料，能够为读者提供丰富的文化资源，推动文化传承。

4.6.2 权威性和可信度

图书馆作为公共性专业机构，天然地具有公正性、客观性和权威性，这是它在知识传播和文化推广过程中得天独厚的优势，能使读者对图书馆推荐的书籍和举办的活动有较高的信任度。

4.6.3 多文化融合

图书馆能够推广不同文化的书籍和举办跨文化交流活动，促进不同族群之间的文化理解和融合。

4.7 持续性和品牌化的优势

4.7.1 长期活动机制

图书馆通常会制定长期和定期的阅读推广活动计划，如"读书月""年度阅读节"等，从而利用活动的品牌效应逐渐培养读者的参与习惯。

4.7.2 品牌形象和社会影响力

通过长期的阅读推广活动，图书馆建立起了稳定的社会影响力，也打造出了具有高信任度的品牌形象。

4.7.3 数据积累和反馈机制

图书馆通过定期分析借阅数据和活动反馈，能够深入了解读者的需求和偏好，进而不断优化和改进活动内容和形式，保持推广的持续性和有效性。

4.8 社会支持和政策保障优势

4.8.1 政府政策支持

作为公共文化服务的核心组成部分，图书馆的阅读推广工作经常会受到政府的政策和资金支持，这些都为推广活动的顺利开展提供了重要的保障。

4.8.2 公益性和社会合作资源

图书馆自身的公益性能够吸引更多社会组织、文化机构和企业主动为推广活动提供资金或物质支持，增加活动的种类和扩大活动的规模。

4.8.3 志愿者支持网络

图书馆在社会中具备广泛的影响力和号召力，招募和培训志愿者来辅助推广活动不仅可以减轻图书馆员的工作负担，同时还能扩大推广活动的覆盖面。

4.9 无障碍性和包容性的优势

4.9.1 无障碍阅读环境

图书馆注重为特殊读者群体提供相应的服务，如盲文书籍、有声书、手语翻译和无障碍通道可以确保残障人士平等地参与阅读推广活动。

4.9.2 包容多样的读者群体

图书馆的活动设计涵盖儿童、青少年、成年人、老年人、移民、少数民族等不同群体，确保每个群体都能找到适合自己的活动，都能参与到阅读当中。

图书馆在进行阅读推广时具有资源丰富、公益开放、专业服务、场地设施、社区嵌入、文化传承、品牌化、政策支持、无障碍和包容性等独特优势。这些优势不仅使图书馆能够更高效地开展阅读推广活动，还确保了活动的广泛覆盖和持续影响力，真正实现了推动全民阅读和提升社会整体文化素养的目标。

5. 图书馆如何组织阅读推广活动

图书馆在组织阅读推广活动时，需要精心策划和系统执行，以确保活动的顺利开展和取得最佳的推广效果。以下简述图书馆组织阅读推广活动的关键步骤和策略：

5.1 活动策划与目标设定

5.1.1 明确活动目标

首先确定活动的具体目标，如提升特定群体的阅读兴趣、推广特定类型的书籍（如文学经典、科普读物等）、增加借阅量等等。

5.1.2 设定活动主题

根据目标和当前社会热点、文化节庆或读者需求,设计能吸引人的活动主题,如"青少年科普阅读月""亲子绘本阅读日""地方文化文学沙龙"等等。

5.1.3 制定详细的活动计划

包括活动的时间、地点、规模、参与人群、资源需求、活动流程等细节,以确保活动能有序进行。

5.2 进行读者调研与需求分析

5.2.1 读者兴趣调研

通过问卷、访谈、读者座谈会等方式,了解读者的兴趣、阅读习惯和需求,为活动设计提供依据。

5.2.2 数据分析

利用借阅数据和读者行为数据,分析读者最关注的书籍类型和阅读趋势,制定更符合读者需求的活动内容。

5.2.3 建立反馈机制

建立有效的反馈机制,确保读者的建议和意见能够被纳入活动设计和优化过程中。

5.3 资源准备与合作支持

5.3.1 书籍和活动材料准备

根据活动主题准备合适的书籍、宣传资料、讲义等,以及活动所需要的物料,如书签、纪念品、宣传单页等,以增强读者的体验感和收获感。

5.3.2 场地和设备准备

为活动选择适合的场地,如图书馆内的阅览室、多功能厅、户外空间等,并确保场地布置妥当,设备(如投影仪、音响、麦克风等)正常运行。

5.3.3 外部合作与支持

邀请行业专家（如作家、学者、心理学专家等）、企业、社区组织等社会各界成员共同参与活动组织、运行，丰富活动内容和扩大影响力。

5.4 宣传推广与活动预热

5.4.1 线上宣传

通过图书馆官网、微信公众号、手机 APP、社交媒体平台（如微博、抖音、B 站等）发布活动信息、宣传海报和短视频，提高活动的曝光度和吸引力。

5.4.2 线下宣传

在图书馆、学校、社区中心、商场等公共场所张贴海报、发放宣传单页、设立展板，吸引更多读者的关注和参与。

5.4.3 媒体合作

与地方媒体（如报纸、电视台、电台等）合作，发布活动预告或专题新闻，增加活动的社会曝光度。

5.5 志愿者招募与培训

5.5.1 志愿者招募

根据活动规模和需求招募志愿者，安排他们完成一些力所能及的基础工作，如引导读者、分发资料和担任活动主持等工作。

5.5.2 志愿者培训

对志愿者进行专业培训，帮助他们熟悉活动流程，具备基本的接待礼仪、处理突发事件的能力，确保志愿者能够有效协助活动，提升服务质量。

5.5.3 志愿者激励

为表现优秀的志愿者提供小礼品或证书，增加他们未来参与的热情和积极性。

5.6 活动执行与现场管理

5.6.1 现场布置与设备调试

在活动之前布置好场地，调试好多媒体设备、音响系统，确保现场的环境有序、技术支持到位。

5.6.2 活动主持与流程管理

安排专业人员主持活动，按照预定的流程引导参与者，并在每个环节设置互动环节，如读书分享、问答讨论等，增强读者的参与感。

5.6.3 读者互动与服务

安排馆员或志愿者在现场提供引导服务，完成参与者签到、场地指引和发放材料等工作，及时解答参与者的问题，确保活动顺利进行。

5.7 活动后的评估与总结

5.7.1 收集参与者反馈

在活动结束后，通过问卷调查、访谈或线上反馈表等方式收集参与者对活动内容、形式、实施效果等方面的意见。

5.7.2 数据统计与分析

统计活动的参与人数、借阅情况、读者满意度等数据，评估活动是否达到预期目标，为优化后续活动提供数据支持。

5.7.3 总结报告与团队复盘

撰写活动总结报告，记录活动的亮点和不足，并组织团队复盘会议，讨论改进措施，为未来的活动积累经验。

5.8 长期规划与品牌化运作

5.8.1 品牌活动设立

将成功的阅读推广活动品牌化，形成固定的推广项目，如每月的"读书沙龙"、每年的"亲子阅读节"等，增强读者的熟悉度，进而提高他们的参与度。

5.8.2 持续合作与资源整合

通过与社区、学校、企业和文化机构建立长期合作关系，整合多方资源，扩大活动规模和影响力。

5.8.3 活动档案和数据库建立

记录每次活动的策划、执行、评估数据，形成系统的数据库，以便为未来的活动策划提供数据支持和运行经验。

5.9 创新活动形式与多样化推广

5.9.1 数字化与线上推广

结合现代科技，通过线上直播、线上读书会、电子书推广、短视频宣传等方式，增强活动的灵活性和吸引力，以满足年轻读者和不便到场的读者的需求。

5.9.2 多元文化和特殊群体推广

根据读者的多样性，设计适合不同文化背景、年龄、职业、社会身份的推广活动，如移民阅读计划、老年人健康读物推广、青少年科普阅读等。

5.9.3 亲子互动与家庭阅读活动

组织亲子阅读会、家庭故事分享会等活动，培养家庭成员间利用阅读进行互动的习惯，形成良好的家庭阅读氛围。

5.10 持续改进与效果跟踪

5.10.1 建立持续的读者联系机制

通过社交媒体、线上平台等方式与读者保持互动，使他们更便捷地获取后续活动信息和推荐书目，持续增强读者对图书馆的依赖性。

5.10.2 活动效果长期追踪

对长期活动项目进行定期效果评估，跟踪读者长期以来的反馈和参与情况，确保活动能得到持续改进。

5.10.3 培养长期的阅读习惯

通过定期活动和持续推广，引导读者形成长期的阅读习惯，提升图书馆在读者心中的影响力和认同感。

一场阅读推广活动包含了活动策划、读者调研、资源准备、宣传推广、志愿者支持、活动执行、评估总结、品牌化运作和持续改进等多个环节。只有落实、完善这些步骤，图书馆才能高效地实施推广活动，增强到场读者的参与感，进而真正将全民阅读推向深入，提升全社会的文化素养。

6. 图书馆如何在广大农村地区进行阅读推广

在广大农村地区进行阅读推广，让阅读资源和文化活动深入到乡村的每个角落，需要结合当地的实际情况和居民的需求，采取灵活多样的方式。以下是图书馆在广大农村地区进行阅读推广的一些较为有效的策略：

6.1 建立和完善农村图书室和文化站

6.1.1 设立农村图书室

在各村镇建立小型图书室，配备基础的阅读资源和设施，为当地居民提供一个方便的借阅和阅读场所。

6.1.2 升级乡村文化站

对现有的乡村文化站进行资源整合，用增设图书角、阅览室等方式助其实现优化提升，使之真正成为农村居民文化生活的中心。

6.1.3 移动图书车服务

针对偏远地区和交通不便的村落，图书馆可以设立流动图书车，定期前往各村为居民提供书籍借阅服务，扩大图书馆服务的覆盖面。

6.2 开展贴近农村生活的主题活动

6.2.1 农民实用技能读书会

根据农民的实际需求，组织农业技术、畜牧养殖、市场营销等方面的实用技能读书会，帮助农民掌握新知识，提高生产效率。

6.2.2 健康与生活讲座

邀请健康专家或农业技术人员，在农村地区举办健康生活讲座和农业知识培训，推荐相关书籍，提升农民的健康意识和农业技能。

6.2.3 乡村文化传承活动

结合农村地区的传统文化特色，开展如民俗文化讲座、地方故事分享、乡村历史书籍阅读会等活动，推动乡村文化的传承和保护。

6.3 亲子阅读和青少年阅读推广

6.3.1 亲子阅读角设立

在农村图书室设立专门的亲子阅读角，提供适合儿童的绘本、故事书和亲子互动书籍，鼓励父母和孩子一起阅读，帮助孩子从小培养阅读的习惯。

6.3.2 青少年读书班

针对农村地区的青少年群体，组织课外读书班或青少年读书会，提供名著导读、科普讲座等活动，丰富他们的课余生活，提高他们的知识水平和阅读兴趣。

6.3.3 学校合作推广

与农村地区的学校合作，将图书资源带入校园，开展"图书进校园"活动，通过书展、学生阅读分享会、读书比赛等形式激发学生的阅读兴趣。

6.4 引入数字阅读和多媒体资源

6.4.1 数字阅读平台推广

为农村地区居民搭建数字阅读平台，让他们也能通过手机或电脑获取电子书、有声书、视频课程等资源，实现在线阅读和学习。

6.4.2 设立农村数字阅读角

在乡村文化站或图书室设置数字阅读角，配备电脑、电子阅读器等设备，方便村民使用数字化阅读资源。

6.4.3 远程教育和线上讲座

图书馆可以借助互联网资源举办远程直播讲座和线上课程，如农业技术培训、家庭教育、创业课程等，拓宽农村居民的知识视野。

6.5 定期举办乡村阅读活动和文化节

6.5.1 乡村读书节

组织乡村读书节，集中举办图书展、书籍漂流、文化展览等活动，让阅读成为村民共同参与的文化盛宴。

6.5.2 阅读分享和故事会

在村镇或乡村集市上定期组织阅读分享会或故事会，组织村民聚在一起分享阅读感受，增进社区的文化交流和互动。

6.5.3 书籍捐赠和漂流

鼓励城市居民、企业和公益组织向农村地区捐赠书籍，同时在村镇间建立书籍漂流站，让村民能够自由交换和借阅书籍。

6.6 培养本地阅读推广志愿者

6.6.1 招募乡村志愿者

在农村地区招募有文化基础和推广热情的村民作为志愿者，培训他们成为阅读推广员，负责组织和推广当地的阅读活动。

6.6.2 与乡村教师合作

乡村教师在农村社区中具有较高的威望和影响力，可以邀请他们参与到阅读推广工作中，成为本地的"阅读大使"。

6.6.3 志愿者培训和激励机制

为乡村阅读志愿者提供培训，帮助他们具备组织活动、推荐书籍、阅读指导的能力，并通过颁发证书或奖励等方式激励他们长期参与推广工作。

6.7 加强与政府、学校和企业的合作

6.7.1 政府政策支持

依托地方政府的文化推广政策，争取资金和资源支持，为乡村阅读推广活动提供保障。

6.7.2 学校和社区合作

与乡村学校和社区组织合作，共同策划和执行阅读推广活动，多方形成合力，扩大推广效果。

6.7.3 企业与社会团体支持

争取企业和社会团体的支持，通过赞助、书籍捐赠、志愿服务等形式，丰富农村地区的阅读资源和推广活动的内容。

6.8 书籍和资源的本地化

6.8.1 适合农村读者的书籍选择

图书馆在推广过程中，选择适合农村居民需求的书籍，如农业技术、健康生活、儿童绘本、文学经典等，尽可能满足他们的生活和实际需要。

6.8.2 提供本地语言和文化的书籍资源

通过为少数民族或方言区的农村居民提供本地语言或方言的书籍，提升他们的阅读兴趣和参与感。

6.8.3 本地故事和文化的推广

结合乡村的传统文化和历史故事，编辑、推广相关书籍，如乡村故事集、地方文化手册等，增强村民的文化认同感。

6.9 灵活多样的推广方式

6.9.1 利用农村集市和庙会

在农村集市、庙会等人流集中的场合设置阅读推广点，分发书籍、宣传材料，举办小型读书会或故事会，吸引村民参与。

6.9.2 结合农闲季节开展活动

考虑农村地区生产生活的实际情况，可以选择农闲时期开展集中性的大型阅读活动，如读书节、家庭读书比赛等，以保证有更多的人能参与到活动中。

6.9.3 利用广播和村公告栏

通过农村广播和村公告栏发布图书馆活动信息、推荐书籍，让村民随时了解阅读推广的最新动态。

6.10 活动效果的评估与改进

6.10.1 定期调研读者需求

在推广活动中，图书馆可以定期向农村居民进行调研，了解他们的阅读需求和活动反馈，以此作为改进和优化活动的依据。

6.10.2 活动评估和总结

每次活动结束后，收集参与人数的数据和参与者的反馈意见，评估活动效果、总结经验，不断改进推广策略。

6.10.3 持续改进与资源优化

根据活动评估结果，优化资源配置和推广方式，确保活动内容和形式适应农村地区的变化和需求。

总的来说，图书馆在农村地区进行阅读推广需要结合当地的实际情况，利用多种创新和灵活的方式，如设立农村图书室、组织贴近生活的活动、引入数字资源、培养本地志愿者和加强合作等。通过这些措施，图书馆能够有效地在农村地区推广阅读文化，提升农村居民的知识水平和文化素养，实现全民阅读和乡村振兴的双重目标。

7. 图书馆如何面向儿童、青少年读者进行阅读推广

在广大儿童、青少年中间进行阅读推广，需要结合他们的年龄特点、兴趣爱好和成长需求，设计富有趣味性和互动性的活动和资源，从而激发他们的阅读兴趣，培养良好的阅读习惯。以下是图书馆面向儿童、青少年读者进行阅读推广的一些有效策略：

7.1 设立专门的阅读区域

7.1.1 儿童阅览区

图书馆可以设立专门的儿童阅览区，布置适合儿童的书架、座椅和装饰，并配备绘本、故事书、科普书籍等适合儿童阅读的资源，营造一个温馨、舒适的阅读环境。

7.1.2 青少年阅读区

为青少年同样设立专门的阅读区域，提供他们需要、感兴趣的文学作品、科普读物、漫画和学习辅导书籍等，吸引青少年来图书馆阅读和交流。

7.2 举办多样化的阅读推广活动

7.2.1 绘本故事会和互动游戏

定期为儿童举办绘本故事会，安排图书馆员或志愿者生动地讲述故事，再设置互动游戏、手工制作等环节，增强儿童的参与感，激发他们的兴趣。

7.2.2 青少年读书会

为青少年组织讨论经典文学、科幻小说或当下流行的书籍的读书会活动，鼓励他们分享阅读心得，锻炼表达能力和批判性思维。

7.2.3 主题阅读月

每月设置不同的阅读主题，如"科幻月""动物世界""历史探秘"等，配合相关书籍的推荐、展览和活动，方便儿童、青少年探索和学习不同主题。

7.3 亲子阅读和家庭参与活动

7.3.1 亲子阅读活动

鼓励家长带孩子一起参加亲子阅读活动，如亲子故事会、亲子共读比赛等，家长通过阅读与孩子互动，既能增加家庭成员之间的亲密感，同时可以培养儿童的阅读兴趣。

7.3.2 家庭阅读计划

通过定期家庭阅读分享会，鼓励家长和孩子共同制定阅读目标、设立家庭阅读计划，建立家长与孩子共同成长的家庭阅读环境。

7.3.3 家庭书籍漂流

在图书馆内或社区设立家庭书籍漂流站，鼓励家庭之间互换书籍，分享阅读体验，增强家庭间的互动和联系。

7.4 开发数字化和多媒体阅读资源

7.4.1 电子书和有声书资源

为儿童、青少年提供丰富的电子书和有声书资源，尤其是电子版儿童绘本、有声故事和学习类有声读物，方便他们在家里或学校通过手机或平板电脑进行阅读。

7.4.2 互动阅读 APP

开发和推广互动性强的阅读 APP，如互动绘本、音效故事、图文并茂的作品等，利用多媒体引导儿童、青少年的注意力，增强他们对于阅读的兴趣。

7.4.3 在线阅读打卡和挑战活动

设置在线阅读打卡和挑战活动，例如通过线上平台记录阅读情况，完成任务后可以获得虚拟奖励或图书馆的纪念品，借此增加儿童、青少年的阅读动力。

7.5 组织书籍主题展览和文学沙龙

7.5.1 儿童书展和体验区

在图书馆举办儿童书展，布置主题阅读体验区（如动物园、海底世界等），让孩子在这里自由翻阅各类书籍，吸引他们的阅读兴趣。

7.5.2 青少年文学沙龙

为青少年举办文学沙龙，邀请知名作家、文学评论家或同龄读者进行交流和讨论，提升青少年对文学作品的理解和兴趣。

7.5.3 科普展览和实验互动

组织青少年参与科普展览和互动实验，如科学实验演示、自然探索等，增强青少年对科学类书籍的兴趣。

7.6 与学校合作开展阅读推广活动

7.6.1 图书馆进校园计划

与学校合作，开展"图书馆进校园"活动，定期将书籍资源带入校园，同时在学校内组织如读书分享会、作家见面会等活动，鼓励学生在课余时间参与阅读。

7.6.2 班级图书角和阅读比赛

在各班级设立图书角，定期更新图书，并通过开展班级间的阅读比赛或书评大赛等方式，激励学生保持阅读习惯。

7.6.3 学校图书馆资源共享

通过定期联合举办大型读书节或主题阅读活动等方式与学校图书馆建立资源共享机制，扩大图书馆书籍的覆盖面和提高利用率。

7.7 青少年儿童阅读推广志愿者计划

7.7.1 青少年阅读推广大使

从青少年中选拔热爱阅读、具有影响力的学生担任"阅读推广大使"，让他们带领周围的同龄人参与阅读活动，形成爱阅读的群体氛围。

7.7.2 学生志愿者服务

招募青少年学生志愿者协助图书馆举办儿童故事会、书籍整理、活动策划等工作，通过志愿服务让他们对图书馆产生归属感，培养其领导力和组织能力。

7.7.3 家长志愿者团队

鼓励家长加入图书馆的志愿者团队，与图书馆员合作策划和执行亲子阅读、家庭分享会等活动，形成家长和图书馆共同推动阅读的合力。

7.8 举办阅读挑战和奖励计划

7.8.1 阅读积分和奖励计划

设立阅读积分系统，儿童、青少年读者每借阅一本书、参加一次活动或完成一次书评，就可以积累积分并兑换图书馆小礼品或文具，帮助他们养成持续阅读的习惯。

7.8.2 年度阅读挑战

设置年度阅读挑战计划，如"年度阅读 50 本书"或"暑假阅读马拉松"等，用在固定时间内达成阅读目标的方式，使阅读成为儿童、青少年生活的一部分。

7.8.3 阅读成就展示

在图书馆内或图书馆官网上设置"阅读之星"展示墙，展示完成挑战的儿童、青少年读者的照片或书评作品，在增强他们的成就感和自豪感的同时，带动更多同龄人参与到阅读当中。

7.9 加强多媒体互动与创意工作坊

7.9.1 互动阅读区和电子阅览室

设立提供电子书、VR/AR 设备的互动阅读区，如"VR 科学探险"或"历史场景再现"等，让儿童、青少年读者体验"科技阅读"的魅力。

7.9.2 创意写作和绘画工作坊

创办创意写作、绘本制作、插画设计工作坊，为儿童、青少年读者提供表达的平台，同时引导他们关注相关书籍，通过实践爱上阅读。

7.9.3 手工和科学实验室

结合科普书籍，为儿童、青少年读者开设手工和科学实验室，激发他们的探索和阅读兴趣。

7.10 持续跟踪与改进推广策略

7.10.1 定期调研读者需求

通过问卷调查、座谈会等形式了解儿童、青少年及其家长的阅读需求和兴趣，确保活动策划和书籍采购更具针对性，更能满足他们的实际需求。

7.10.2 反馈与评估

在每次活动结束后，收集参与者的反馈意见，分析活动的效果和不足之处，确保未来活动能吸引更多儿童、青少年读者。

7.10.3 保持与家长和学校的沟通

通过建立家长微信群和与学校创办合作平台等方式，保持与家长和学校的沟通，向他们定期分享图书馆活动信息和推荐书目，确保儿童、青少年持续关注、参与图书馆的推广活动。

图书馆在面向儿童、青少年读者开展阅读推广的过程中应充分结合他们的兴趣、发展需求和年龄特点，采用多样化的活动形式、与家庭和学校合作、引入数字资源以及多媒体互动，建立系统化、品牌化的推广策略。通过不断地创新，图书馆可以有效激发儿童、青少年群体的阅读兴趣，帮助他们培养起良好的阅读习惯，为他们的成长和未来学习奠定坚实的基础。

8. 图书馆如何面向广大老年读者进行阅读推广

在广大老年读者中间进行阅读推广，需要考虑老年人的生理特点、兴趣爱好和生活需求，向他们提供贴心、适宜的阅读资源和活动形式，以吸引他们的参与和关注。以下是图书馆面向老年读者进行阅读推广的一些有效策略：

8.1 设立专门的老年阅览区

8.1.1 老年人专用阅读空间

图书馆可以设立配备有舒适的座椅、桌子和放大镜等辅助设备的老年阅览区，确保老年人能够在放松、舒适的环境中专注阅读。老年阅览区可以通过放置植物、调节灯光亮度等方式，布置得温馨、安静一些。

8.1.2 无障碍设施

在老年阅览区配备无障碍通道、扶手等设施，为行动不便的老年读者提供便利，让他们能够轻松进入图书馆，使用里面的资源。

8.2 提供适合老年人的阅读资源

8.2.1 大字体书籍和老年读物

考虑到老年读者视力下降的身体特点，向他们提供大字体书籍。关注老年人对健康、养生、法律、家庭生活等方面的需求，向他们提供相关的书籍和期刊，帮助他们在生活中获取实用的信息。

8.2.2 有声书和盲文书籍

为视力不佳的老年读者提供有声书和盲文书籍，确保他们也能够享受到阅读的乐趣。

8.3 举办老年读者专属活动

8.3.1 健康讲座和养生读书会

定期举办健康讲座，邀请营养师、中医师或健康专家与老年人分享健康知识，同时推荐相关的健康养生书籍，形成读书与健康知识相结合的活动。

8.3.2 老年读书沙龙

组织老年人读书沙龙，选择他们感兴趣的话题，如经典文学、历史故事、名人传记等，鼓励老年读者分享阅读心得，增加交流机会。

8.3.3 传统文化与手工艺活动

开展一些与传统文化有关的活动，如书法、国画、刺绣等，让老年读者在图书馆内体验传统文化的魅力，同时向他们推荐相关书籍，激发他们的阅读兴趣。

8.4 数字化阅读资源推广

8.4.1 有声书和电子书资源

引导老年人学习使用图书馆的有声书和电子书资源，帮助他们在家中也可以享受到便利的阅读服务。例如可以举办有声书体验会，教授老年人如何使用电子设备听书。

8.4.2 数字设备培训班

定期举办数字阅读培训班或手机使用课程，教会老年读者使用智能手机、平板电脑访问图书馆的数字资源，帮助他们提升信息素养和数字技能。

8.4.3 远程讲座和在线活动

为行动不便的或居住在偏远地区的老年读者提供线上讲座和远程互动，让他们足不出户也能参与图书馆的活动。

8.5 亲自上门服务与流动图书车

8.5.1 流动图书车进社区

为地处偏远或行动不便的老年人提供流动图书车服务，将书籍和活动带到社区、养老院或乡村，让老年读者在家门口就能享受图书馆的服务。

8.5.2 上门送书与陪伴阅读

组织志愿者和工作人员为老年读者提供上门送书服务，并且陪伴他们一起阅读，帮助行动不便或孤独的老年人享受阅读的乐趣。

8.5.3 与养老院和社区中心合作

与当地的养老院和社区中心合作，定期为老年人带去书籍、讲座和读书分享活动，让图书馆服务深入老年人的日常生活。

8.6 培养老年志愿者团队

8.6.1 老年志愿者计划

招募热爱阅读的老年读者作为图书馆的志愿者，协助组织和执行各类面向老年读者的阅读推广活动，如健康讲座、手工活动等，让他们在参与的过程中获得一定的成就感。

8.6.2 老年阅读推广大使

选拔热心和有经验的老年读者担任"阅读推广大使"，带领其他老年人参与活动，分享自己的阅读经验，用互动在老年人之间营造起良好的阅读氛围。

8.6.3 培训老年志愿者

为老年志愿者提供系统培训，让他们掌握活动组织、书籍推荐和阅读指导等技能，确保他们能在推广活动中更好地发挥作用。

8.7 创办老年阅读兴趣小组和俱乐部

8.7.1 健康养生俱乐部

创办老年人"健康养生俱乐部"，定期组织健康话题读书会、运动指导讲座和养生技巧交流活动，满足老年人对健康知识的需求。

8.7.2 书法与文学兴趣小组

根据老年人的兴趣，开设书法、绘画、文学欣赏等兴趣小组，推荐相关书籍，让老年读者在参与活动的过程中培养起阅读兴趣。

8.7.3 举办回忆录写作班

组织老年人参与回忆录写作班，让他们写下自己的生活经历和感悟，并以此为契机推荐相关历史、文化类书籍，增强他们的文化认同感和归属感。

8.8 组织阅读挑战活动和设立奖励计划

8.8.1 老年阅读打卡活动

设置老年读者专属的阅读打卡计划，鼓励他们在一定时间内完成阅读任务，通过阅读打卡获取小礼品或纪念品，增强他们的阅读动力。

8.8.2 年度读书之星评选

每年评选"老年读书之星"，表彰积极参与阅读活动并完成阅读任务的老年读者，让他们感受到图书馆乃至整个社会的重视和关怀。

8.8.3 阅读成果展示会

组织老年人展示他们的阅读笔记、书法作品或手工作品，增强他们的成就感和自豪感，以此激励他们继续阅读。

8.9 提升图书馆的无障碍服务水平

8.9.1 设立无障碍通道和设施

图书馆需设置无障碍通道、轮椅通道、无障碍电梯等设施,为行动不便的老年人提供便利。

8.9.2 听力辅助设备和放大镜

为听力或视力不佳的老年人提供放大镜、助听器等辅助设备,确保他们在图书馆中能够顺利阅读和参与活动。

8.9.3 老年人服务窗口

设立专门的老年人服务窗口,提供咨询和指导,帮助老年人解决借阅、参加活动和使用电子资源时遇到的问题。

8.10 持续改进与读者反馈机制

8.10.1 定期调研老年读者需求

通过问卷调查、座谈会等方式,了解老年读者的阅读需求和兴趣,确保开展的活动和提供的资源能够精准满足他们的需求。

8.10.2 活动效果评估

在每次活动结束后及时收集参与者的反馈意见,分析活动效果和不足,调整和优化今后的活动内容。

8.10.3 建立长期沟通渠道

通过电话、微信群或与社区建立联系,让老年读者随时了解图书馆的最新活动和书籍,确保他们与图书馆保持紧密联系。

图书馆面向老年读者进行阅读推广,需要从环境设置、资源提供、活动组织、数字化服务和无障碍设施等方面综合考虑。同时,图书馆可以通过组织老年兴趣小组、亲自上门服务和志愿者培养等方式,增强老年读者的参与感和归属感,形成长期、稳定的推广机制,让广大老年人得到丰富而温馨的阅读体验,提高他们的生活质量和幸福感。

9. 图书馆如何面向视障人士进行阅读推广

在视障群体中进行阅读推广，需要提供无障碍的阅读环境和资源，结合视障人士的实际需求和特点，设计多样化、易于参与的活动和服务，确保他们能够平等地享受阅读的乐趣和知识获取的机会。以下是图书馆面向视障人士进行阅读推广的一些有效策略：

9.1 提供无障碍的阅读资源

9.1.1 盲文书籍

建立盲文书籍专架，配备文学作品、科普书籍、健康指南等内容丰富的盲文书籍，确保视障读者有足够的资源选择。

9.1.2 有声书和电子书

建立在线有声书平台，为视障读者提供大量的有声书和电子书资源，尤其是文学、新闻、健康、法律等传递实用信息的内容，方便他们随时随地进行阅读。

9.1.3 数字化盲文设备

配备电子盲文阅读器和电脑终端，安装专门的语音软件，让视障读者可以通过触觉和听觉学习图书馆的数字资源。

9.2 设立无障碍服务设施

9.2.1 无障碍通道和导盲设施

在图书馆内设置无障碍通道、盲文标识和地面导盲线，确保视障读者能够顺利找到借阅区、阅览区和活动区。

9.2.2 专业服务人员

培养能专门为视障读者提供服务的图书馆员，帮助他们查找书籍、使用设备和参与活动，并提供一对一的个性化指导。

9.2.3 盲文和语音服务窗口

设立视障读者专用窗口，配备盲文标签和语音提示系统，确保他们能够自助完成借还书、查找信息等操作。

9.3 开展视障人士专属阅读活动

9.3.1 有声书分享会

定期组织有声书分享会，邀请视障读者一起聆听有声书的片段，展开讨论和分享，让他们在互动中感受阅读的乐趣。

9.3.2 盲文读书会

举办盲文读书会，挑选一些盲文书籍，组织视障读者一起阅读和讨论，还可以邀请专家或作者参与其中，提升活动的深度和吸引力。

9.3.3 文化体验活动

结合文化主题，如音乐欣赏会、历史故事会、诗歌朗诵会等，通过有声讲解和触觉体验的方式，让视障读者参与其中，感受文化的丰富性。

9.4 数字化阅读推广与培训

9.4.1 在线有声书平台

开发和推广图书馆的在线有声书平台，帮助视障读者获取更多有声书资源的数量和提高质量。

9.4.2 智能设备使用培训

为视障读者提供智能手机、平板和盲文电子阅读器的使用培训，帮助他们学会使用语音助手和专门的阅读软件，提升数字阅读能力。

9.4.3 远程阅读支持

为行动不便的视障读者提供远程服务，通过电话或在线平台进行一对一阅读指导和资源推荐，让他们足不出户也能享受到图书馆的服务。

9.5 流动服务和上门服务

9.5.1 流动图书车进社区

图书馆可以设立流动图书车，定期前往视障人士居住的社区或机构，为其配备有声书、盲文书籍和数字设备等阅读资源。

9.5.2 上门服务

组织图书馆员或志愿者为视障人士提供上门送书和有声书服务，尤其是要关注行动不便或居住在偏远地区的这类人群，确保他们也能够享受到阅读推广服务。

9.5.3 与养老院和盲人学校合作

与盲人养老院、盲人学校等机构合作，定期提供图书馆资源和服务，帮助这里的视障人士在生活和学习中获得更多的知识和信息。

9.6 盲人志愿者和阅读推广大使计划

9.6.1 培养盲人志愿者

招募和培训盲人志愿者，鼓励他们参与图书馆活动的策划和执行，如有声书分享、导盲服务等，增加视障群体的参与度和成就感。

9.6.2 盲人阅读推广大使

选拔热爱阅读的视障人士作为"阅读推广大使"，通过分享自己的阅读经历和心得，带动更多盲人读者参与、使用图书馆的活动和资源。

9.6.3 盲人志愿者培训

为盲人志愿者提供系统培训，让他们掌握如何引导其他视障人士使用资源、参与活动的方法，形成社区内的互助网络。

9.7 举办文化节和阅读主题日

9.7.1 举办文化节

每年举办面向视障人士的文化节，集中举办盲文书展、有声书体验会、艺术展示等活动，提升图书馆在这一类人群当中的影响力。

9.7.2 设立阅读主题日

设立定期的阅读日，如"盲文阅读日"或"有声书日"，推出专门的阅读活动和讲座，让视障人士有机会深入了解和体验图书馆的服务。

9.7.3 作家、艺术家见面会

邀请作家或艺术家与盲人读者见面，分享创作心得和阅读经验，鼓励视障人士表达自己的想法和参与文化创作。

9.8 与盲人组织和社会机构合作

9.8.1 与盲人协会合作

图书馆与盲人协会等组织合作，共同策划和开展阅读推广活动，借助协会的网络扩大服务的受众群体。

9.8.2 争取非营利组织支持

加强与非营利组织和公益基金的合作，为图书馆的盲人阅读推广活动争取更多资金和资源。

9.8.3 志愿者团体合作

与志愿者团体合作，为视障读者提供导盲和陪伴服务，确保他们在图书馆和阅读推广活动中得到充分的支持。

9.9 设立盲人阅读激励机制

9.9.1 盲人阅读打卡活动

推出盲人阅读打卡计划，鼓励视障读者完成一定的阅读任务，并根据他们的完成情况发放奖励或礼品，激发他们的阅读动力。

9.9.2 年度盲人阅读之星评选

每年评选"盲人阅读之星"，表彰在阅读活动中表现积极、热爱阅读的视障读者，提升他们的自豪感和成就感。

9.9.3 读书分享奖励计划

鼓励视障读者参与读书分享会或记录阅读中的心得体会，激励更多视障人士积极参与阅读推广活动。

9.10 持续改进视障读者的反馈机制

9.10.1 定期调研视障人士的需求

通过与盲人协会合作或直接联系视障读者，定期了解他们的阅读需求和阅读反馈，不断优化和改进图书馆的相关资源和服务。

9.10.2 活动效果评估

在每次活动结束后，收集视障读者的反馈意见，评估活动的效果和参与度，确保未来的活动能够更加贴近视障读者的需求。

9.10.3 建立长期沟通渠道

通过电话热线、微信群留言等方式，建立与视障读者的长期沟通渠道，让他们随时了解图书馆的新活动和服务内容。

图书馆面向视障人士进行阅读推广，需要提供无障碍阅读资源、专属服务设施、数字化支持、上门服务和志愿者培养等多方面的支持。通过多样化的活动形式和合作网络，图书馆能够帮助这一群体获得平等的阅读机会，提升他们的文化参与感和社会融入感，实现图书馆推广全民阅读和文化普及的目标。

10. 图书馆进行阅读推广的优秀案例

全球各地的图书馆开展了许多成功的阅读推广活动，这些活动通过创新的形式和多样的资源有效地推动了各国人民的阅读，提升了公众的文化素养。以下是一些具有代表性的图书馆阅读推广案例：

10.1 新加坡国家图书馆的"阅读一起行"计划

10.1.1 活动概况

"阅读一起行"是新加坡国家图书馆为促进全民阅读而开展的活动，旨在鼓励不同年龄层的读者参与阅读并分享阅读体验。

10.1.2 活动亮点

图书馆通过设立"亲子阅读角"和组织互动活动，鼓励家长和孩子一起阅读，增强亲子间的互动和营造阅读氛围。

将图书馆服务带到新加坡各个社区，尤其是那些距离图书馆较远的区域，扩大阅读资源的覆盖面。

每年举办的"阅读马拉松"活动，通过让读者挑战在特定时间内完成阅读任务，激发公众的阅读兴趣。

10.1.3 活动成效

该计划大幅提升了新加坡居民的阅读参与度，使阅读成为一种全民行为。

10.2 美国纽约公共图书馆的"夏季阅读挑战"

10.2.1 活动简况

纽约公共图书馆每年夏天都会举办"夏季阅读挑战"活动，鼓励儿童和青少年在暑假期间积极参与阅读，以防止出现"暑期滑坡"，即暑假期间学习成绩下降的现象。

10.2.2 活动亮点

提供多样的阅读主题，如科幻、历史、冒险等，吸引不同兴趣的孩子参与。活动设置有阅读打卡和积分系统，孩子们完成阅读任务后可以获得奖品和证书，这不仅增加了活动的趣味性，也是一种激励的手段。

活动还包括作家见面会、创意写作工作坊和手工制作等，让孩子们在互动中提升阅读兴趣。

10.2.3 活动成效

每年有超过 30 万名儿童和青少年参与该项活动，他们的阅读量和阅读兴趣在此之后都有显著提升，在暑假期间也能保持学习的积极性。

10.3 英国伯明翰图书馆的"老人读书会"

10.3.1 活动简况

伯明翰图书馆为当地老年群体特别设立了"老人读书会",旨在通过阅读活动改善老年人的心理健康状况,帮助他们与社会建立联系。

10.3.2 活动亮点

图书馆每月组织一次读书会,老年人可以在轻松的环境中分享他们的阅读心得和生活故事。读书会还结合健康、养生和家庭生活等主题,邀请专家举办讲座,并推荐相关书籍。

图书馆还为老年读者提供无障碍设施和移动服务,如上门送书、陪伴阅读等,确保行动不便的老年人也能参与。

10.3.3 活动成效

该项目有效促进了老年群体的心理健康,增强了社区的凝聚力和参与感。

10.4 日本东京儿童图书馆的"亲子共读计划"

10.4.1 活动简况

东京儿童图书馆通过"亲子共读计划"推广儿童早期阅读,旨在促使孩子从小养成良好的阅读习惯。

10.4.2 活动亮点

在图书馆内设立亲子共读区,并提供适合不同年龄段的绘本、图画书、早教书等资源;定期举办亲子故事会,由图书馆员或作家为家长和孩子讲故事;设计各类互动游戏和手工活动,让孩子们在轻松的氛围中体验阅读的乐趣。

组织家庭阅读打卡活动,鼓励家长和孩子共同制定阅读目标,并通过线上打卡记录完成情况,让整个家庭都能参与到阅读当中。

10.4.3 活动成效

该计划显著提高了儿童的阅读率,培养了家庭的阅读氛围,受到了广大家长群体的欢迎，并成为东京儿童图书馆的品牌活动。

10.5 法国巴黎图书馆的"多语言阅读角"

10.5.1 活动简况

为了服务巴黎的多元文化社区，巴黎图书馆设立了"多语言阅读角"来推广多语言和多文化的阅读资源。

10.5.2 活动亮点

提供法语、英语、汉语、阿拉伯语、西班牙语等多种语言的书籍和期刊，确保不同语言背景的读者都能找到适合自己的阅读资源。

定期举办"多文化读书会"和"国际作家分享会"，邀请不同文化背景的作家和读者分享他们的故事和阅读体验，促进文化交流。

为移民和少数民族群体提供母语阅读支持，如母语有声书、母语学习班等，帮助他们更好地融入当地社区。

10.5.3 活动成效

这一项目有效地促进了多元文化社区的文化融合和理解，提升了巴黎图书馆在不同文化背景群体中的影响力。

10.6 南非开普敦市图书馆的"街头图书馆"计划

10.6.1 活动概况

为了解决开普敦市部分社区居民难以获取图书馆资源的问题，开普敦市图书馆设立了"街头图书馆"，通过流动图书馆和社区阅读角推动全民阅读。

10.6.2 活动亮点

在市区的不同社区和街头设立临时书架和阅读角，让社区居民可以随时借阅书籍。节庆和集市期间，图书馆员会在社区现场组织阅读活动，如故事分享、作家见面、儿童绘本互动等，以吸引更多居民参与。

提供免费的有声书设备和数字资源培训，帮助社区居民学习如何使用图书馆的电子平台和数字阅读资源。

10.6.3 活动成效

这一计划大幅提升了社区居民的阅读参与度，并有效解决了因距离和资源匮乏而造成的阅读不便的问题。

以上这些全球范围内兼具多样性、创新性和包容性的阅读推广案例展示了图书馆在推动全民阅读事业上的巨大潜力。无论是面对老年人、儿童、青少年、少数民族还是特殊群体，图书馆都能找到合适的推广形式，结合现代技术和社会资源，确保他们都能在获取知识的同时享受到阅读的乐趣。这些优秀案例不仅提升了图书馆的社会影响力，也为其他图书馆的推广工作提供了宝贵的参考和启示。

中国各地的图书馆在阅读推广方面也有许多成功的案例，它们结合本地文化特色，利用创新形式和多种资源，促进了全民阅读的推广和社会成员文化素养的整体提升。以下对这些案例进行简要介绍。

10.7 广州图书馆的"无声世界"阅读推广

10.7.1 活动概况

广州图书馆针对听觉障碍人士开展了一系列专门的阅读推广活动，旨在为听障群体提供无障碍的文化服务，提升社会的包容度。

10.7.2 活动亮点

设立专门的手语服务区，为听障人士提供丰富的阅读资源，配置手语翻译和专业志愿者提供指导。

定期举办"手语故事会"和"无声读书会"，邀请手语老师和志愿者共同参与活动，帮助听觉障碍人士更好地融入阅读世界。

10.7.3 活动成效

该项目显著提升了听觉障碍人士的阅读参与度，增强了社会对听障群体的关注和理解，促进了社区的多样性和包容性，打造了广州图书馆独有的阅读品牌。

10.8 上海图书馆的"漂流书吧"计划

10.8.1 活动概况

"漂流书吧"是上海图书馆的一项创新活动，旨在用让书籍在城市中"漂流"的形式，鼓励市民在公共场所和社区自由交换和分享书籍。

10.8.2 活动亮点

在地铁站、咖啡馆、商场、公园等公共场所设立漂流书吧，放置大量书籍供市民免费取阅、交换和分享。读者可以在书籍上留下自己的阅读心得，并与下一个读者分享阅读感受。

图书馆定期补充新书和更新"漂流书籍"，并在线上记录书籍"漂流"轨迹，方便参与者追踪自己曾经借阅的书籍的去向，了解它之后的故事。

10.8.3 活动成效

该活动大幅提升了市民的阅读热情和参与度，使阅读成为城市文化生活的一部分，促进了书籍的循环利用和社区间的文化交流。

10.9 国家图书馆的"读书会进校园"项目

10.9.1 概述

国家图书馆与北京市各大中小学校合作，打造出了"读书会进校园"项目，以推动青少年阅读习惯的养成和校园文化的建设。

10.9.2 活动亮点

组织图书馆员和作家定期走进校园，举办文学讲座、名著导读、写作工作坊等活动，帮助学生深入理解文学作品。

在学校图书馆和班级设立"阅读角"，提供丰富的图书资源，并结合"读书打卡"计划激励学生多读书、爱读书。

举办包括读书比赛、"书籍漂流"、优秀书评展示等多种形式的"青少年读书节"，鼓励学生在课余时间积极参与阅读。

10.9.3 活动成效

该项目受到了学校和家长的高度评价，有效提升了青少年学生的阅读兴趣和文学素养，成为图书馆与学校合作进行阅读推广的标杆。

10.10 浙江图书馆的"亲子阅读计划"

10.10.1 活动概况

浙江省图书馆为培养家庭阅读氛围，推出了"亲子阅读计划"，引导家长通过与孩子共同阅读的方式加强亲子关系，促进儿童阅读事业的发展。

10.10.2 活动亮点

在图书馆内设立专门的"亲子阅读角"，提供适合不同年龄段儿童的绘本和早教书籍，和舒适的亲子阅读环境。

定期举办亲子故事会，由专业的儿童故事讲述者或图书馆员带领家长和孩子一起阅读故事，参加手工活动和互动游戏，增强儿童的参与感。开展"家庭读书打卡"活动，鼓励家长和孩子共同制定阅读目标，并通过完成任务获得图书馆的奖励，促进家庭成员共同成长。

10.10.3 活动成效

该计划有效提高了家庭成员参与阅读的热情，是国内亲子阅读推广活动的经典案例。

10.11 武汉市图书馆的"社区流动图书车"服务

10.11.1

武汉市图书馆为了解决偏远社区和老年人读者难以前往图书馆的问题，推出了"社区流动图书车"服务，将图书资源和阅读活动带到社区和老年群体身边。

10.11.2 活动亮点

图书车定期前往城市偏远社区、养老院、医院等地，提供纸质图书、有声书和数字阅读资源，确保每一个社区成员都能享受图书馆的服务。

在社区内组织小型读书会、健康讲座和家庭互动阅读活动，吸引社区居民尤其是老年人参与，提高他们的阅读兴趣和生活品质。

建立线上借阅和预订系统，方便居民通过图书馆 APP 预约图书和服务，图书车会根据需求将书籍送至指定地点。

10.11.3 活动成效

这项服务大大扩大了武汉图书馆服务的覆盖面，尤其受到了老年人和行动不便者的欢迎，大幅提升了社区文化生活的质量。

10.12 成都图书馆的"文化大讲堂"

10.12.1 活动概况

"文化大讲堂"是成都图书馆为推广传统文化和提升公众文化素养而推出的品牌活动，面向所有市民广泛普及文化知识。

10.12.2 活动亮点

邀请文化学者、作家、艺术家、非遗传承人等业内专家，开展传统文化、文学创作、艺术鉴赏讲座和互动。结合书籍推荐和展示活动，向参与者推荐与讲座主题相关的书籍，鼓励市民深入阅读和学习。

活动提供线上直播和录播服务，方便无法到场的读者也能参与和学习，实现图书馆活动的线上线下融合。

10.12.3 活动成效

"文化大讲堂"作为成都图书馆的特色品牌活动，不仅吸引了大量市民参与，还显著提升了市民的文化素养和阅读热情。

10.13 深圳图书馆的"数字阅读推广计划"

10.13.1 活动概况

深圳图书馆结合数字技术的发展，推出了"数字阅读推广计划"，旨在引导市民利用现代技术获得多样化的阅读体验。

10.13.2 活动亮点

图书馆推出数字阅读平台，提供电子书、有声书、数字期刊等多种数字化资源，并在图书馆内设置数字阅读体验区，供读者自由使用。

开展"数字阅读达人"挑战活动，鼓励读者在平台上完成一定数量的阅读任务，通过积分和奖励机制提升读者的参与积极性。

举办"线上读书会"和"有声书分享会"，利用微信、抖音、B站等平台，让读者在线上互动，分享书籍阅读体验。

10.13.3 活动成效

深圳图书馆的数字阅读推广活动迅速吸引了大量的年轻读者，有效扩大了阅读推广的覆盖面，使数字阅读成为市民文化生活的重要组成部分。

10.14 厦门图书馆的"海丝书屋"

10.14.1 活动概况

厦门图书馆结合当地"海上丝绸之路"的文化特色，推出"海丝书屋"项目，将传统文化与现代阅读推广有机地结合起来。

10.14.2 活动亮点

在厦门市的不同社区和旅游景点设立"海丝书屋"，为居民和游客提供与海上丝绸之路相关的书籍和文化资料。

定期举办"海丝文化讲座"和"地方文化分享会"，邀请本地历史学者和文化专家解读海丝文化，推广地方特色书籍。

结合书展和文化体验活动，如茶文化体验、闽南传统手工艺展示等，在此过程中提升参与者的阅读兴趣。

10.14.3 活动成效

"海丝书屋"项目增强了当地居民和游客对厦门历史文化的了解和认同，也大幅提升了图书馆在推广地方文化过程中的影响力。

以上几个案例展示了国内图书馆在阅读推广事业中的多样化、创新性和本土化的实践。无论是面向老年人、青少年儿童、特殊群体，还是结合地方文化特色，这些图书馆都通过丰富的图书资源、灵活的活动形式和现代化的技术手段，成功地实现了全民阅读的推广目标。这些案例不仅显示出当前国内的图书馆已具备了一定的社会服务能力，也为其他图书馆的推广工作提供了有益的参考和借鉴。

11. 图书馆在阅读推广中如何实现创新和突破

在阅读推广中实现创新和突破，需要积极结合新技术，采取跨界合作和多样化的活动形式，以满足不同读者群体的需求，激发他们的阅读兴趣。以下是图书馆使阅读推广实现创新和突破的一些有效策略：

11.1 结合数字技术，推动智能化阅读

11.1.1 数字阅读平台

构建或推广数字阅读平台，提供电子书、有声书、在线期刊等资源，帮助读者随时随地获取阅读内容。引入个性化推荐算法技术，根据读者的阅读记录和偏好推荐书籍，提升阅读体验。

11.1.2 虚拟现实（VR）和增强现实（AR）阅读

引入 VR 和 AR 技术，将传统阅读与虚拟体验结合，举办如"历史场景再现""经典小说虚拟探险"等活动，让读者身临其境地感受书中的情节。

11.1.3 语音助手和智能书架

在图书馆内设置智能书架，通过语音助手等功能帮助读者查找书籍、推荐书单，增强读者的自助服务体验。

11.2 跨界合作，丰富阅读推广资源

11.2.1 与学校、社区合作

与中小学、大学及社区组织建立长期合作关系，开展青少年阅读活动、亲子阅读日等主题活动，将阅读推广融入学校教育和社区文化中。

11.2.2 与文化机构、博物馆联动

与博物馆、文化中心等机构展开联动，共同策划历史、艺术、科学等

主题阅读活动，将书籍和文物展示结合，让读者通过多种文化体验提升阅读兴趣。

11.2.3 与企业和媒体合作

争取企业赞助或媒体支持，通过策划媒体宣传、开展企业员工读书日等联合活动的形式，扩大阅读推广的覆盖面和影响力。

11.3 细分读者群体，推出个性化服务

11.3.1 针对不同年龄段的定制活动

针对儿童、青少年、成人和老年人设计适合其需求的活动，如亲子故事会、青少年读书会、老年人健康讲座等，使不同群体的读者都能找到符合自己兴趣的活动。

11.3.2 特殊人群服务

为残障人士、少数民族、外来移民等特殊人群提供专门的资源和活动，如盲文书籍、有声书、母语书籍、手语故事等，确保每个群体都能平等享受阅读推广服务。

11.3.3 定制化书单和阅读指导

根据读者的兴趣爱好、职业特征，提供个性化的书单推荐和阅读指导，帮助他们在繁多的资源中找到符合自身需求的优质内容。

11.4 线上线下结合，打造混合式推广模式

11.4.1 线上读书会和直播讲座

利用微信、抖音、B站等社交平台，举办线上读书会、作家直播、主题讲座等活动，方便读者随时参与，扩大图书馆的受众范围。

11.4.2 阅读打卡和积分奖励

推出阅读打卡和积分奖励机制，引导读者在线上平台打卡记录阅读进度，完成一定任务后可获得图书馆的奖品或证书，激发他们持续阅读的兴趣。

11.4.3 线上图书借阅和预约

提供线上借阅和预约服务，设置可以预约书籍的图书馆 APP，自行取阅图书的取书柜，实现无接触借阅，提升借阅效率。

11.5 打造互动性强的阅读体验

11.5.1 创意阅读活动

组织如"角色扮演读书会""书籍情节解谜游戏""经典文学改编剧场"等活动，让读者以沉浸式的方式深入了解书籍内容，增加阅读的互动性和趣味性。

11.5.2 读者共创内容

邀请读者参与图书馆的内容创作，如撰写书评、分享书单，或是提供自己的创作作品，定期将这些内容展示出来，增强读者的参与感。

11.5.3 社交阅读平台

开发阅读平台或借助第三方社交软件，并设立线上兴趣小组，让读者互相交流读书心得、分享书单，加强读者之间的互动。

11.6 主题书展和文化活动

11.6.1 主题书展与体验馆

每季度或每月举办不同主题的书展（如科幻、历史、环保等），并结合互动展览、模拟场景等形式，让读者在身临其境般的氛围中体验阅读的乐趣。

11.6.2 与节日结合的阅读活动

在传统节日（如春节、端午节、中秋节等）或国际性阅读节日（如世界读书日、世界图书馆日等）期间举办特色主题阅读活动，如春节故事会、诗歌朗诵会、经典阅读分享等，丰富他们的文化生活。

11.6.3 地方文化推广

结合地方特色文化，推广相关的书籍和活动，如地方历史、传统工艺、民俗节庆等，让读者在阅读中了解、传承地方文化。

11.7 发展阅读推广志愿者团队

11.7.1 招募阅读推广大使

选拔热爱阅读、有一定影响力的读者担任"阅读推广大使",鼓励他们带动周围的朋友和家人参与阅读活动,形成良好的阅读氛围。

11.7.2 志愿者培训和活动组织

为志愿者提供活动策划、书籍推荐、读者服务等方面的培训,让他们协助图书馆开展推广活动,增强活动的执行力和创新性。

11.7.3 读者社区建设

建立图书馆的读者志愿者社群,定期组织沙龙、分享会、工作坊等活动,让志愿者在活动中彼此交流、分享经验,进而打造一支长期、稳定的推广团队。

11.8 打破空间限制,实现流动服务

11.8.1 流动图书车

设立流动图书车,定期将图书资源送往偏远社区、学校、养老院等地的读者身边,扩大图书馆服务的覆盖面。

11.8.2 书籍漂流站和共享书架

在城市的地铁站、咖啡馆、公园等公共场所设置"书籍漂流站"或共享书架,鼓励读者自由取阅和交换书籍,形成"书籍漂流"文化。

11.8.3 自助图书柜

在居民区、社区中心等地设立 24 小时自助图书柜,方便读者随时借还书籍,打破图书馆固定开放时间的限制。

11.9 增加图书馆文化功能,打造社交文化空间

11.9.1 多功能阅读空间

通过提供咖啡、简餐服务等方式,将图书馆打造成集阅读、交流、休闲于一体的多功能文化空间,吸引更多人将图书馆作为日常活动场所。

11.9.2 读者兴趣小组和沙龙

设立如文学小组、科幻俱乐部、书法班等兴趣小组，定期组织小规模的阅读沙龙和讨论会，帮助读者找到志同道合的朋友，增加其对图书馆的归属感。

11.9.3 艺术展览和文创活动

通过举办小型艺术展览、设立文创产品工作坊等方式，提升图书馆的文化吸引力，让更多读者将图书馆视为一个有趣的文化社交场所。

11.10 建立阅读推广数据分析和评估机制

11.10.1 读者需求分析

通过问卷、访谈、借阅数据分析等方式，定期了解读者的阅读需求和喜好，确保活动和资源能够满足大多数读者的要求。

11.10.2 活动效果追踪和反馈

每次活动后收集读者反馈，总结成效和不足，分析哪些内容和形式最受欢迎，为后续活动提供参考。

11.10.3 个性化阅读推荐系统

利用大数据和 AI 技术，为读者提供个性化的书籍推荐列表和活动推送，增加阅读推广的精准性和有效性。

总的来说，图书馆可以通过数字化技术、跨界合作、读者细分、线上线下融合、互动体验等多元化手段，打造个性化、智能化、沉浸式的阅读推广活动，实现阅读推广的创新和突破。通过不断创新，图书馆不仅能引领更多人参与到阅读当中，也能增强其自身的社会服务功能，使它成为读者日常生活中不可或缺的文化空间和学习中心。

五、关于真人图书馆

1. 什么是真人图书馆

真人图书馆（Human Library）是一种以人类为"书籍"的独特阅读推广方式，旨在通过人与人之间的面对面交流，增进不同群体之间的理解，打破人与人之间的偏见和社会上对某些人群的刻板印象。真人图书馆最早于2000年在丹麦的罗斯基勒音乐节上创立，起初是为了促进多元文化的理解，后来逐渐推广至全球的 70 多个国家，如今已成为一种被广泛认可的阅读推广形式和社会教育活动。以下尝试从几个方面对真人图书馆做简要介绍：

1.1 真人图书馆的基本概念

真人图书馆中的"书"是不同背景、职业或经历的人。他们通常是一些容易被社会误解、忽视或贴上标签的群体，如移民、少数民族群体、退役军人、难民、无家可归者、心理障碍患者等等。这些"真人书籍"通过讲述自己的真实经历，与读者面对面交流，使读者在直接接触和倾听中了解他们的生活经历、思维方式和情感世界，从而打破成见，建立彼此之间的理解和尊重。

1.2 真人图书馆的运作方式

1.2.1 对"真人书籍"的选择

图书馆会邀请来自社会的不同群体、有着各类背景和经历的人担任志愿者，让他们自愿地将分享自己的故事分享给读者。

1.2.2 读者借阅"真人书"

在真人图书馆活动中，读者可以选择"借阅"自己感兴趣的"书籍"，通过与"真人书"的交流，了解他们的故事。每次交流的时间通常在30分钟至1个小时之间。

1.2.3 面对面对话

读者和"真人书"在互动中进行深度交流，即一面倾听对方的生活经历、思想和情感的过程中，一面提出疑问，通过沟通形成理解和尊重。

1.2.4 活动场地准备

真人图书馆通常设置在图书馆、学校、社区中心、博物馆或其他公共场所，也可安排在节庆活动、文化节等大型活动中。

1.2.5 内容组织和培训

真人图书馆活动对策划和培训有较高要求，需要对"真人书籍"进行培训，帮助他们掌握讲述自己故事的技巧，也需要培训读者学会以尊重和倾听的态度进行交流。

1.3 真人图书馆的特点与意义

1.31 打破偏见

真人图书馆旨在帮助人们了解那些社会中容易被误解的群体，通过直接交流消除他们身上的刻板印象，促进社会的包容度。

1.3.2 增进理解

真实故事的分享能够帮助读者理解"真人书籍"的生活体验、心理状态和价值观，从而对社会建立更深层次的理解。

1.3.3 促进社会对话

真人图书馆为社会群体之间搭建了一个交流的桥梁，让来自不同背景、经历、观点的人们互相交流，达成共鸣，推动社会变得更加和谐。

1.3.4 提升沟通技巧

读者与"真人书"之间的交流往往需要保持耐心和开放的心态，这一过程能帮助读者提升其沟通能力，同时学会尊重和理解不同的生活经历。

1.4 隐私和安全

真人图书馆活动需尊重"真人书"的隐私，活动组织者应当确保活动过程的合理、有序，避免交流中出现冒犯或过度询问的情况。

1.5 形式的多样化

未来，真人图书馆可进一步结合虚拟现实（VR）、线上直播等技术，覆盖更广泛的受众群体，并使那些行动不便的读者也能够参与其中。

真人图书馆是一种创新的阅读推广形式，通过面对面的真实交流帮助读者理解不同群体的生活和经历，打破偏见，增进社会的包容与和谐。这一模式不仅为读者提供了独特的阅读体验，也逐渐成为一种全球性的社会教育方式，为促进文化的多样性和族群的相互尊重做出了重要贡献。

2. 真人图书馆的成功案例

真人图书馆作为一种创新的阅读推广和社会教育模式，自 2000 年在丹麦首次创立以来，已被世界各地广泛采用并成功实施。以下介绍一些比较典型的、成功的真人图书馆案例：

2.1 丹麦——罗斯基勒音乐节的真人图书馆

2.1.1 活动概况

2000 年，丹麦的罗斯基勒音乐节首次推出了真人图书馆，意在促进青少年对不同人群的理解和包容。

2.1.2 活动亮点

首批"真人书籍"包括多种群体代表，如性少数群体、难民、退役军人、戒毒者等，由他们向读者讲述自己的真实生活经历。活动的目的是打破人与人之间的偏见和对某一群体的刻板印象，促进音乐节上不同群体间的理解和沟通。

2.1.3 活动成效

活动广受欢迎，参与人数众多，并迅速吸引了世界各地的关注和效仿，之后这一活动形式逐渐在全球范围内展开，如今已成为一种新的阅读推广模式和社会融合活动，并迅速推广至全球 70 多个国家和地区，得到了广泛的认可。

2.2 荷兰——阿姆斯特丹公共图书馆的多文化真人图书馆

2.2.1 活动概况

阿姆斯特丹公共图书馆将真人图书馆作为一种长期的阅读推广方式，旨在促进多文化社区间的理解。

2.2.2 活动亮点

针对移民和少数群体举办真人图书馆，邀请各国移民、少数族群、残障人士等作为"真人书"。

读者可以借阅"真人书籍"并与之面对面交流，了解他们在荷兰的生活经历、文化背景和心路历程。

2.2.3 活动成效

活动增强了荷兰社会对文化多样性的理解和包容，有助于减少对少数族群、特殊群体的误解和歧视，特别是在多民族社区中效果尤为显著。

2.3 加拿大——多伦多公共图书馆的反偏见真人图书馆

2.3.1 活动概况

多伦多公共图书馆的真人图书馆活动聚焦于打破对边缘化群体的刻板印象，增强社会的包容性。

2.3.2 活动亮点

这里的"真人书籍"包括刑满释放的囚犯、心理健康患者、单亲妈妈、移民等,旨在通过交流来消除大众对这些群体的误解。图书馆定期举办真人图书馆活动,每次活动都会根据不同主题邀请上述人员作为"真人书"。

2.3.3 活动成效

多伦多公共图书馆的真人图书馆活动成为社区和谐的纽带,极大地增强了民众对边缘群体的理解,有效地减少了社会隔阂。

2.4 英国——伦敦大学学院(UCL)的校园真人图书馆

2.4.1 活动概况

伦敦大学学院将真人图书馆引入校园,旨在促进广大学生对社会多元化的理解,推动大学生的平等意识。

2.4.2 活动亮点

活动邀请了少数族裔、跨性别者、无家可归者、心理健康患者等不同背景的人作为"真人书",与学生一对一交流。学生们可以预约"借阅"这些"真人书籍",与他们进行近距离对话,了解他们的生活经历、情感历程,增进对其的理解。

2.4.3 活动成效

活动不仅得到了学生们的积极参与,还帮助这所学校营造了更加包容和尊重的校园文化氛围,成为校园平等和多样性教育的重要组成部分。

2.5 日本——东京真人图书馆活动中的少数群体分享

2.5.1 活动概况

东京的真人图书馆主要在公共图书馆、大学和文化中心举办,旨在打破对少数群体的偏见。

2.5.2 活动亮点

活动特邀少数族群、外国移民、性少数群体等代表作为"真人书",让读者有机会通过面对面交流了解他们的生活经历、真实情感、现实处境、文化背景，以及生活中的困难与挑战，增进对他们的理解和包容。

2.5.3 活动成效

东京的真人图书馆活动为少数群体提供了平台，很大程度上增加了公众对多样化社会的接受度。

2.6 法国——巴黎的多语言真人图书馆

2.6.1 活动概况

巴黎公共图书馆设立了多语言真人图书馆，针对法国的多元文化背景，促进使用不同语言和不同文化立场的人加强沟通和理解。

2.6.2 活动亮点

通过邀请多种语言背景的"真人书籍"与读者面对面交流，如阿拉伯裔、北非裔、东欧裔等，推广多语言和多文化阅读。活动同时使用法语和"真人书籍"的母语，以尊重不同文化，使语言成为交流的桥梁。

2.6.3 活动成效

活动增进了巴黎多元文化社区之间的理解，帮助移民和少数族裔更好地融入了法国社会，是巴黎多文化阅读推广的一大亮点。

2.7 澳大利亚——悉尼的心理健康主题真人图书馆

2.7.1 活动概况

悉尼的真人图书馆活动主要聚焦于心理健康问题，旨在帮助公众理解心理健康患者的生活。

2.7.2 活动亮点

这里的"真人书籍"包括抑郁症患者、焦虑症患者、心理健康工作者等，他们通过分享个人经历帮助人们消除对心理健康的误解。活动的每一位"真人书籍"都接受了专业培训，以确保他们能够有效地与读者沟通，为读者提供心理支持。

2.7.3 活动成效

活动显著提高了公众对心理健康问题的认识，使更多人意识到心理健康的重要性，减少了他们对存在心理健康问题的群体的歧视。

2.8 德国——柏林的移民文化真人图书馆

2.8.1 活动概况

柏林的真人图书馆活动主要聚焦于移民与难民，为这些群体提供了一个表达自我的平台。

2.8.2 活动亮点

通过邀请叙利亚、阿富汗、伊朗等国家的移民和难民作为"真人书籍"，让德国本地居民通过真实的故事了解他们的处境。

每场活动围绕特定主题展开，如"跨文化交流""适应与融合"等，以便读者更深入地讨论移民面临的主要问题。

2.8.3 活动成效

柏林的真人图书馆活动增强了当地居民对移民和难民的理解，改善了社区成员的关系，促进了多元文化理解和包容。

2.9 中国香港——香港中文大学的校园真人图书馆

2.9.1 活动概况

香港中文大学通过真人图书馆活动增进学生对社会多样性和包容性的理解。

2.9.2 活动亮点

邀请少数族群、特殊群体、独居老人、戒毒康复者等担任"真人书籍"，让学生与他们面对面交流。每个"真人书"在活动前都会接受简单培训，确保他们能够自信地与学生分享自己的故事。

2.9.3 活动成效

活动不仅帮助学生学会了尊重和包容，还成为校园多元化教育的典范，获得了广大师生的支持。

2.10 广州图书馆的"无声世界"真人图书馆

2.10.1 活动概况

广州图书馆推出的"无声世界"真人图书馆活动主要服务于听力障碍人士及相关特殊群体。

2.10.2 活动亮点

活动特邀听力障碍人士作为"真人书",通过手语和文字交流,与读者分享他们的成长故事和生活体验。图书馆配备手语翻译和专业志愿者,以确保活动的顺利进行。

2.10.3 活动成效

该活动帮助听障群体增强了社会的认同感,也让普通公众更好地理解了听障人士的世界,是国内图书馆的标志性活动之一。

真人图书馆在世界各地的成功案例表明,这种创新的阅读和交流模式能有效促进对话、打破偏见、增进社会理解和包容。它不仅是图书馆、社区和校园中标志性的推广项目,还被广泛应用于不同的社会和文化背景中,还帮助人们加深了对其他社会成员的理解和尊重。这些成功的案例为真人图书馆的全球推广提供了宝贵的经验,同时也显示了它在不同社会背景的文化教育中的巨大潜力。

3. 真人图书馆对做好阅读推广的作用

真人图书馆在阅读推广中具有独特的作用和价值。它通过让人们直接与"真人书籍"对话拓展了传统阅读的形式,还在传播阅读文化、打破社会偏见、促进社会融合等方面发挥了积极作用。以下就真人图书馆在阅读推广过程中起到的正面作用做简要论述:

3.1 打破阅读界限，创新推广形式

3.1.1 拓展了传统阅读以外的体验形式

真人图书馆将阅读从书籍扩展到真人，让读者直接与"书"对话。这种独特的体验为阅读推广提供了新的可能，使读者更有兴趣参与和探索。

3.1.2 吸引了不同年龄段的读者

真人图书馆活动新颖独特，能够吸引不同年龄段的读者特别是年轻群体，使他们感到阅读不仅仅是文字，更是一种真实的、鲜活的、可以互动的体验。

3.1.3 强化阅读的沉浸感

读者可以亲身与"书籍"进行互动，获得更加深刻的理解和体验。这增强了人与人之间的情感共鸣和知识共鸣，激发了读者进一步探索社会的兴趣。

3.2 增进社会理解，促进文化包容

3.2.1 打破对特殊群体的偏见和刻板印象

真人图书馆为社会中的少数群体和边缘人群提供了一个讲述自身经历的平台，帮助读者了解和理解这些群体，消除了误解和偏见。

3.2.2 培养读者的同理心

通过真人书籍的讲述，读者能够切身感受到不同群体面临的困境和挑战，从而进一步培养了同理心，能够更加尊重和包容社会的多样性。

3.2.3 促进多元文化交流

真人图书馆在全球范围内广泛开展，能够帮助世界各地不同文化背景的人建立起沟通的桥梁，增强读者对多元文化的接受和理解能力。

3.3 增强公共图书馆的吸引力，提升其社会影响力

3.3.1 增强公共图书馆的文化吸引力

真人图书馆是一种新颖的活动形式，在公共图书馆举办能够显著增强其

吸引力，使它成为更具社会影响力的公共文化场所。

3.3.2 提升图书馆的社会角色

举办真人图书馆活动不仅可以让公共图书馆成为知识传播的中心，还可以使之成为社会沟通的桥梁和增进包容性的先锋，大幅提升图书馆在社区运转中的作用。

3.3.3 扩大公共图书馆的服务范围

真人图书馆不仅吸引普通读者，还吸引了特殊群体的关注。通过与不同背景、不同需求的读者互动，公共图书馆能够扩大其服务对象，提升其社会影响力。

3.4 提升阅读的趣味性，增强读者的参与感

3.4.1 提升阅读互动性

真人图书馆将阅读从"个体行为"转变为"互动交流"，读者可以提出问题、分享感受，使整个过程更加生动、鲜活，同时增加阅读形式的丰富性。

3.4.2 增强读者的参与感

真人图书馆让读者能够参与到活动中，与"书"对话，表达自己的观点、提出自己的问题，使他们在阅读中从被动的接受者转变为主动的讲述者。

3.4.3 创造难忘的阅读体验

真人图书馆的对话形式可以给读者带来深刻的印象，增强他们对阅读活动的记忆和兴趣，使阅读推广活动更加具有影响力。

3.5 丰富了阅读推广的内容，增加了推广的深度

3.5.1 提高阅读主题的多样性

真人图书馆可以有多种主题，"真人书籍"也可以来自不同背景和职业，如退役军人、戒毒者、移民、知名学者和运动员等。这可以使读者有机会了

解多方面的社会议题，丰富阅读推广的内容。

3.5.2 增强阅读的深度

真人图书馆通过"真人书籍"亲自讲述，使读者能够更深入地理解"书籍"的内容和思想。这种面对面的交流能为读者提供深入探讨和交流的机会，更有助于其理解深刻或复杂的社会问题。

3.5.3 推动思考和讨论

真人图书馆活动中，读者在与"书籍"的对话中会产生疑问、反思，进而引发更深入的思考。因此这不仅是一次阅读体验，更是一种启发思维的活动，增加了阅读推广活动的思想深度。

3.6 满足特殊人群需求，体现社会包容

3.6.1 关注边缘人群

真人图书馆活动以许多边缘人群为"书籍"，使他们获得了发声的平台，为他们带来了更多关注的目光。

3.6.2 为特殊群体提供支持

真人图书馆能够为边缘群体、特殊人群和少数群体提供讲述自己故事的机会，帮助他们在社会中找到归属感和认同感。

3.6.3 倡导社会公平

真人图书馆倡导社会公平，让每个人都有被倾听和被尊重的机会。这种推广模式不仅在阅读推广的形式方面有所创新，也在承担社会责任方面起到了积极的作用。

3.7 提高读者的沟通能力和社交技巧

3.7.1 培养沟通能力

读者在与"真人书籍"对话时倾听、提问和表达自己的观点，提升了他们的沟通和表达能力。

3.7.2 增强社交技巧

在真人图书馆活动中，读者通过与陌生人交流，学习到了如何礼貌地表达自己的问题和疑虑，增强了他们的社交技巧。

3.7.3 促进尊重和包容

读者在与"真人书籍"交流的过程中，会更加尊重对方的经历和观点，从而培养包容和理解的心态。这一过程发挥了图书馆在培养和谐人际关系方面的积极作用。

3.8 推动图书馆的品牌效应，形成阅读推广标杆

3.8.1 增强公共图书馆的品牌影响力

真人图书馆活动的创新性和社会意义使其不仅是公共图书馆的一个品牌活动，还能够吸引更多公众关注公共图书馆的服务和活动。

3.8.2 形成持续的推广效应

通过推广真人图书馆活动，公共图书馆可以形成品牌效应，使读者对其产生更强的认同感，形成持续的阅读推广效应。

3.8.3 形成示范效应

真人图书馆在多个国家和地区的成功案例使之成为阅读推广领域的标杆，其他图书馆和文化机构可以借鉴这一模式，继续创新和探索阅读推广的形式。

真人图书馆在阅读推广中的作用涵盖了创新阅读形式、增进社会理解、提升公共图书馆吸引力、丰富推广内容、满足特殊人群需求、增强读者社交技能和打造品牌效应等多个方面。这种独特的互动式阅读体验不仅激发了读者的阅读兴趣，增强了社会的包容性和多样性，还为图书馆带来了深远的、积极的影响。总的来说，真人图书馆不仅促进了阅读文化的传播，还为社会和谐做出了重要贡献。

4. 如何做好真人图书馆

要做好真人图书馆活动，组织者需要进行精心策划、选择合适的"真人书籍"、做好活动组织和读者沟通，并确保活动具有极高的安全性和良好的互动性。以下是成功开展真人图书馆活动的策略和几个关键步骤：

4.1 选择合适的"真人书籍"

4.1.1 多样化的背景和经历

要挑选来自不同年龄、性别、职业和文化背景的志愿者作为"真人书"，尤其是容易被误解、被边缘化或被贴上标签的群体，如移民、残障人士、少数民族群体、心理问题患者等等，当然也可以邀请一些成功人士作为"真人书籍"，如知名学者、专家、运动员、企业家等等，以便于呈现社会的多样性。

4.1.2 确保"书籍"的积极性和沟通能力

"真人书籍"需要有积极参与活动的意愿，愿意分享自己的故事，且具备良好的沟通和倾听能力。图书馆可以对他们进行适当培训，确保他们能自信地讲述故事并回答读者的问题。

4.1.3 保护"书籍"的隐私和安全

筛选和培训过程中，要与"真人书籍"明确沟通活动细节，确保他们的隐私得到尊重，同时避免出现任何的冒犯性提问或过度询问。

4.2 策划合理的活动流程

4.2.1 预约制的活动形式

制定详细的预约制度，让读者提前预约"真人书籍"，以避免参与人数过多而影响活动的有序开展。

4.2.2 设置对话时间

将每位读者和"真人书籍"的交流时间控制在 30 分钟至 1 小时以内，

确保活动高效展开。

4.2.3 提供交流引导和话题提示

为读者和"真人书籍"准备话题引导卡或问题提示卡，帮助他们更自然地进入话题，避免尴尬或冷场，引导读者提出更具建设性的问题。

4.3 提前进行"真人书籍"培训

4.3.1 讲述技巧和沟通方法

培训"真人书籍"，教会他们简洁、清晰、真实地讲述自己的故事，向其提供有效沟通的技巧，如怎样应对敏感问题和如何在对话中设置界限等。

4.3.2 心理支持和安全意识

考虑到"真人书籍"在讲述过程中可能会触碰到自己情感上的敏感点，图书馆还需要提供心理支持培训，让他们在需要时能够及时保护自己。

4.3.3 突发情况应对

针对可能出现的读者过度询问、情绪化反应等情况制定应对方案，确保活动能够平稳进行。

4.4 营造尊重、包容的交流氛围

4.4.1 设立活动规则

在活动开始前，向读者和"真人书籍"明确说明交流规则，如尊重隐私、避免冒犯性言辞、遵循时间限制等，确保对话在尊重和包容的氛围中进行。

4.4.2 布置私密的交流空间

安排私密的、安静的对话空间，保证读者和"真人书籍"能够在舒适的环境下进行面对面的深入交流，避免外界干扰。

4.4.3 设置活动引导员

在现场安排引导员辅助读者与"真人书籍"的互动过程，在需要时引导员还应当及时介入，帮助处理交流中出现的问题。

4.5 丰富活动内容和形式

4.5.1 举办主题真人图书馆

根据读者的兴趣，设定不同主题的真人图书馆活动，如"心理健康周""跨文化交流日""职场故事分享"等，吸引具有特定兴趣的读者参与。

4.5.2 线上线下结合

增加线上互动环节，如线上直播、问答、分享等，拓展活动的参与渠道，让无法到现场的读者也能参与其中，提升活动的覆盖面。

4.5.3 增设多元化互动

活动结束后安排小型交流会、读书心得分享会等，让读者有机会与其他参与者和"真人书"进一步开展交流，深化活动体验。

4.6 确保活动的安全性和隐私保护

4.6.1 保护"真人书籍"的隐私

在活动报名和活动宣传时，避免公开"真人书籍"的真实姓名以及过多的个人信息，仅向参与者提供简要介绍，在保证活动顺利进行的同时保护隐私。

4.6.2 提供心理支持和调解员

为"真人书籍"提供心理支持和调解人员，确保当他们遇到不适或困扰时能够得到及时帮助和支持。

4.6.3 签订保密协议

在部分情况下，要求读者和"真人书籍"签订简易的保密协议，确保交流内容不会被外泄，尤其是涉及敏感话题时。

4.7 开展宣传和读者动员

4.7.1 多渠道宣传活动

利用图书馆的官网、微信公众号、社交媒体等平台进行活动推广，吸引更多读者关注和参与，同时利用当地媒体扩大活动的社会影响力。

4.7.2 制作"真人书籍"介绍

以简洁的文字和图片介绍"真人书籍"的背景，便于读者根据兴趣预约"借阅"，增加活动的针对性。

4.7.3 提前发布活动主题

每次活动前向读者发布活动主题，帮助读者做出选择，吸引目标读者参与。

4.8 加强读者反馈与活动改进

4.8.1 活动后的读者反馈

在活动结束后收集读者的反馈，了解、分析他们对活动的感受和建议，改进和优化活动流程、形式。

4.8.2 总结和复盘

活动结束后进行复盘，分析活动的成功之处和改进空间，记录遇到的问题和应对措施，为未来的类似活动提供经验。

4.8.3 持续创新和优化

根据读者的反馈和复盘总结，尝试新的主题和形式，持续优化活动流程，确保真人图书馆活动能够保持吸引力和创新性。

4.9 建立长期的"真人书籍"资源库

4.9.1 建立"真人书籍"数据库

将参与过活动的"真人书籍"的信息进行汇总，形成数据库，并对其能力综合、客观地评价，以此衡量未来是否再度邀请他参与活动。

4.9.2 维护与"真人书籍"的长期联系

与愿意长期参与活动的"真人书籍"保持联系，在有需要时邀请他们参与活动，确保活动可以随时正常进行。

4.9.3 增加"真人书籍"群体的多样性

不断扩展"书籍"资源库，增加多样化的群体，让读者能够通过真人图书馆了解更广泛的社会议题和真实故事。

4.10 增强活动的教育作用和社会影响力

4.10.1 策划社会关注的主题活动

在社会热点事件发生或特殊节日期间策划如"心理健康日""移民文化日"等主题活动，让读者通过真人图书馆了解并思考这些有着广泛关注度的议题。

4.10.2 邀请专业人士参与

邀请心理学家、社会工作者、非政府组织代表等专业人士参与活动，提供专业视角和支持，帮助读者更深入地理解活动主题。

4.10.3 形成社会影响力

通过媒体报道和后续宣传，扩大活动的社会影响力，让更多人关注和了解真人图书馆，传播尊重和包容的社会价值观。

要办好真人图书馆活动，需要从挑选合适的"真人书籍"、策划合理的活动流程、开展有效的读者培训、营造包容的氛围、确保安全和隐私、丰富内容形式等多方面入手。通过细致的策划和组织，真人图书馆可以为读者提供深入而有趣的体验，同时在阅读推广中发挥积极的社会教育作用，促进社会的和谐，提升社会成员的包容度。

六、阅读推广的管理和服务

1.阅读推广的管理内容

阅读推广的管理内容主要包括资源管理、活动策划与组织、宣传推广、读者服务、效果评估和改进等多个方面。良好的管理能够确保阅读推广活动顺利进行，并提升图书馆的社会影响力和文化传播效果。以下是阅读推广管理的主要内容：

1.1 资源管理

1.1.1 图书和数字资源管理

根据读者的兴趣和需求，定期更新和补充阅读推广所需的图书资源和数字资源（如电子书、有声书），确保资源丰富、适配度高。

1.1.2 人员管理

通过集中培训等方式让图书馆员、志愿者和阅读推广大使明确各自的职责，确保在推广活动中各项任务能够顺利分配和执行。

1.1.3 场地和设备管理

根据不同的活动类型、主题合理安排图书馆的阅览室、多功能厅、活动区等场地，配备投影仪、电脑、音响等设备，确保推广活动能够有适当的环境和设施支持。

1.1.4 合作资源管理

与学校、社区、文化机构、媒体、企业等建立长期合作关系，整合各方资源，确保推广活动有充分的资金、物资、宣传、人员保障。

1.2 活动策划与组织

1.2.1 主题和内容策划

结合读者需求、社会热点、节庆日等，策划具有吸引力的推广主题和内容，如亲子阅读、科普知识讲座、名人名家讲座等，吸引不同群体参与到活动中来。

1.2.2 活动流程设计

明确活动在前期准备、活动过程和后期总结三个阶段的流程，以及每个环节的时间安排，确保活动能够有序进行，避免出现疏漏。

1.2.3 活动组织与分工

合理分工，指定专人担任活动的协调员、主持人和后勤支持人员，确保活动中各环节人员各司其职，提高活动的执行效率。

1.2.4 活动安全与秩序管理

活动前制定清晰的秩序管理方案，尤其是大型活动，要制定保护读者安全、人员有序流动和应对突发事件的详细预案。

1.3 宣传推广

1.3.1 线上宣传

通过图书馆官网、社交媒体平台（如微信公众号、微博、抖音等）发布活动信息，宣传活动主题和亮点，吸引线上读者的关注和报名。

1.3.2 线下宣传

在图书馆入口、阅览室、社区中心、学校等公共场所张贴海报、发放宣传册，扩大活动在线下的宣传范围。

1.3.3 媒体宣传与合作

与当地媒体（如报纸、电台、电视台）合作，发布活动预告、新闻报道，增加活动的社会影响力。

1.3.4 读者社群运营

建立读者社群（如微信群、QQ 群），定期在群里发布阅读推广活动的相关信息，与读者建立起良好的互动关系，引导他们长期关注和参与推广活动。

1.4 读者服务

1.4.1 需求调研

通过问卷、访谈或读者座谈会等形式，了解读者的兴趣和需求，确保推广活动能够紧贴读者的期望和喜好。

1.4.2 个性化推荐服务

为不同读者提供个性化的阅读推荐和资源引导，帮助他们找到最适合自己的书籍或活动。

1.4.3 无障碍服务

针对残障人士、老年人、少数民族等特殊群体提供无障碍服务（如盲文书籍、无障碍通道、手语翻译等），确保他们能够便利地参与活动。

1.4.4 志愿者服务

招募并培训志愿者，安排他们在活动执行期间提供指引、答疑等服务，提升读者的活动体验。

1.5 效果评估与反馈

1.5.1 活动数据收集

收集活动参与人数、读者满意度、活动成本等数据，并在此基础上对活动效果展开分析。

1.5.2 读者反馈收集

通过问卷调查、线上反馈表等方式收集读者的意见，了解读者对活动内容、形式、组织的反馈和建议。

1.5.3 活动总结与分析

对活动的各项数据和反馈进行总结和分析，评估活动是否达到预期目标，找出活动的亮点和不足之处。

1.5.4 影响力分析

通过活动的媒体报道、社交平台分享、读者口碑等指标，分析活动的社会影响力，判断活动是否有效提升了图书馆的社会形象和读者关注度。

1.6 改进和持续优化

1.6.1 问题反馈与改进计划

根据活动之后总结出的问题制定具体的改进计划，如调整活动流程、优化资源分配等，确保下次活动能够更贴近读者需求。

1.6.2 创新和多样化

引入新主题、新形式和多样化的推广手段（如虚拟现实体验、互动游戏等），增加活动的新鲜感和吸引力，使推广内容更具时代感。

1.6.3 品牌化与长期规划

可以将受读者欢迎的活动升级成为图书馆的特色品牌活动，并制定长期的推广计划，打造出独有的推广项目和文化活动。

1.7 阅读推广效果的持续跟踪

1.7.1 长效跟踪读者参与行为

对长期参与阅读推广活动的读者进行跟踪，观察他们的阅读习惯、借阅频率等数据，了解推广活动是否真正对读者产生了持续影响。

1.7.2 阅读推广内容的更新

在分析跟踪数据的基础上不断更新阅读推广的主题和内容，使活动内容能够随时适应读者需求。

1.7.3 读者社区的维护与沟通

通过建立读者社区，形成一个持续关注图书馆活动的群体，面向他们定期发布新的活动和资源推荐，使阅读推广产生长期效应。

1.8 激励和奖励机制

1.8.1 设立读书奖励计划

通过读书打卡、积分等形式，激励读者持续参与阅读活动，向按时、积极参加活动的读者发放书籍折扣券、纪念品等奖励，引导更多读者提升参与活动的积极性。

1.8.2 读书之星评选

每年或每季度评选"读书之星"或"阅读推广大使"，表彰积极参与活动的读者和志愿者，增强他们的荣誉感。

1.8.3 读者成就展示

在图书馆内设立"读者成就墙"或"阅读故事分享区"，展示活动期间表现优秀的读者的故事，增强他们的成就感和荣誉感。

阅读推广的管理覆盖了从资源管理到活动策划、宣传推广、读者服务、效果评估与后续改进等多个方面。通过系统化、细致化的管理，图书馆能够不断优化推广流程，提高推广活动的效果，最终实现全民阅读的目标。良好的管理不仅能提升活动质量和读者参与度，也能使图书馆在社会中形成良好的文化品牌形象。

2. 组织阅读推广活动需要哪些资源

组织阅读推广活动需要多种资源的支持，包括书籍和数字资源、场地和设备、人员和志愿者、宣传和推广渠道、合作伙伴、资金和物资等。合理的资源配置能确保活动顺利开展，并达到最佳的推广效果。以下是组织阅读推广活动所需的一些关键资源：

2.1 书籍和数字资源

2.1.1 纸质书籍

活动需要丰富多样的书籍资源，涵盖儿童绘本、青少年读物、文学作品、科普书籍等，用以满足不同年龄和兴趣的读者的需求。

2.1.2 电子书和有声书

为偏好数字阅读的读者提供电子书、有声书等数字资源，能够使活动覆盖更多人群。图书馆还可以提供数字阅读器等设备供读者现场体验。

2.1.3 主题资源包

根据活动主题准备相关资源，例如"科普月"中准备科技类书籍，"亲子阅读日"中准备儿童绘本等，可以使读者更直观地了解活动内容。

2.2 场地和设备

2.2.1 活动场地

推广活动需要在相应的场地中进行，如图书馆内的多功能厅、阅览室、社区活动中心等。大型活动可选择户外场地或租用学校礼堂等公共场所。

2.2.2 活动设施与设备

包括桌椅、投影仪、音响设备、电脑、电子阅读器、麦克风等，确保读者能够顺利参与活动，并获得良好的视听体验。

2.2.3 无障碍设施

无障碍通道、轮椅、盲文书籍、放大镜等设备能为行动不便的读者或残障人士参与活动提供便利。

2.3 人员和志愿者

2.3.1 图书馆员和活动主持人

图书馆员负责活动策划和协调，主持人负责活动现场的管理、引导和氛围调节。活动的专业性和良好效果在很大程度上取决于工作人员的组织能力。

2.3.2 志愿者团队

志愿者在活动中提供指引、登记、咨询、分发资料等服务，尤其在大型活动中，志愿者的帮助能够有效提升活动的基础工作效率和读者体验。

2.3.3 专业嘉宾

根据活动内容邀请作家、学者、教育专家等专业嘉宾，可以增加活动的深度和影响力。例如，阅读分享会可以邀请知名作家或文学评论家，亲子活动可以邀请早教专家。

2.4 宣传和推广渠道

2.4.1 线上宣传渠道

搭建包含图书馆官网、微信公众号、社交媒体平台（如微博、抖音等）在内的线上宣传渠道，可以吸引更多爱上网的读者关注、参与活动。

2.4.2 线下宣传材料

设计和制作宣传海报、宣传册、传单等用于张贴、发放的宣传材料，可以方便读者看到、了解活动信息，增强活动的传播力。

2.4.3 媒体平台

当地媒体（如报纸、电台、电视台等）的支持能够进一步扩大活动以及图书馆的影响力。

2.5 合作伙伴

2.5.1 学校和教育机构

与中小学、大学以及其他教育机构合作，可以吸引更多青少年读者参与到阅读推广活动当中。

2.5.2 社区和文化机构

与社区中心、文化馆、博物馆等合作，利用这些机构的场地和资源开展阅读推广活动，可以提升活动的文化功能和社会功能。

2.5.3 企业和赞助商

企业提供的书籍、奖品、文具、活动经费等赞助，可以使推广活动得到更充足的资源保障，也可以使企业获得良好的社会公益形象。

2.6 资金和物资支持

2.6.1 活动资金

活动通常需要一定的资金支持，包括场地租赁、设备租赁、嘉宾费用、宣传费用、活动物资等。这部分资金可通过制定预算申请财政拨款，或申请政府的公共文化资金获得。

2.6.2 基础物资

活动中通常用到的基础物资包括书签、笔记本、书包、环保袋等，用它们作为活动奖品或参与礼品，可以有效提升活动吸引力，增加读者的参与积极性。

2.6.3 应急物资

急救包、饮用水等应急物资可以确保工作人员在活动中快速应对突发情况，保障读者的安全。

2.7 技术和信息支持

2.7.1 数字阅读和多媒体技术

数字阅读平台、语音助手、VR/AR 等现代技术可以在很大程度上提升活动的互动性和吸引力。通过数字阅读平台等技术手段还可以开展线上活动，扩大活动的覆盖面。

2.7.2 数据收集与反馈

调查问卷、打卡功能、互动平台等技术手段都可以帮助收集读者反馈，以此为基础进行的数据分析，可以为后续活动优化提供依据。

2.7.3 活动登记和报名系统

线上报名系统或预约平台，既能方便读者提前注册、预约，又便于图书馆掌握活动人数，合理安排资源。

2.8 活动内容和策划资源

2.8.1 活动主题和内容素材

活动主题和内容所需要的素材包括书籍推荐清单、书单整理、推荐理由、内容导读等，它们可以确保活动内容丰富、符合主题。

2.8.2 互动和游戏材料

儿童活动或青少年活动需要的互动和游戏材料包括绘本、故事卡、手工材料、阅读打卡本等，它们可以确保读者在活动中有趣味性和参与感。

2.8.3 读物导读和书评

专业的导读书单和书评能帮助读者选择适合的书籍，增加阅读体验的深度。

2.9 读者服务和保障资源

2.9.1 读者登记和咨询服务

主办方安排的专门的服务台或咨询点，可以为读者提供活动登记、场地指引、问题解答等服务。

2.9.2 读者交通和接送服务

为距离较远的读者或特殊群体提供交通服务，如联系公交公司提供接送服务，可以更便于他们参与活动。

2.9.3 安全与秩序管理人员到位

安排保安人员或志愿者负责活动安全，设置安保和秩序管理措施，能够确保活动顺利进行，这在大型或户外活动中尤为重要。

组织阅读推广活动所需的资源涵盖书籍和数字资源、场地和设备、人员和志愿者、宣传渠道、合作伙伴、资金和物资、技术支持、内容素材和读者服务等多方面。合理配置和使用这些资源确保活动的顺利开展，提高活动的吸引力，进而达到良好的推广效果。通过充分整合资源，图书馆可以实现阅读推广的多样化，提升其创新性，为广大读者提供丰富而有趣的阅读体验。

3. 组织阅读推广活动需要什么样的前、后期工作

组织阅读推广活动需要在前期和后期全面地展开工作，以确保活动顺利进行并取得良好的效果。以下就组织阅读推广活动需要的前期和后期工作内容做简单论述：

3.1 前期工作

3.1.1 需求调研与活动策划

通过问卷调查、访谈、座谈会等方式，了解目标读者的兴趣、需求和阅读习惯，进而确定活动的主题、形式及流程，设置互动环节、主题演讲或分享等环节，确保活动能够吸引读者。

3.1.2 活动预算与资源筹备

根据活动需求制定预算，明确所需的书籍、场地、设备、人力等资源，确保活动能够在足够的资金和物资支持下顺利开展。

3.1.3 宣传与推广

线上宣传

通过图书馆官网、社交媒体（如微信公众号、微博、抖音等）发布活动预告，吸引读者关注和报名。可以设计一些具有视觉冲击力的海报、H5 页面等，提升宣传效果。

线下宣传

在图书馆内及合作的社区、学校等张贴海报、分发宣传单页，方便更多的读者了解活动信息。

媒体推广

通过与本地媒体（如报纸、电台、电视台等）合作，通过新闻报道等方式发布活动预告，扩大活动知名度，提升社会关注度。

3.1.4 读者群组通知

在图书馆的读者群或书友社群发布活动信息，与群内读者及时进行沟通，让感兴趣的潜在读者提前知晓活动内容。

3.1.5 报名与登记服务

活动报名系统

建立线上或现场报名系统，让读者可以通过线上预约、电话报名等方式参与活动。

确认与提醒服务

活动前通过短信、电话或社交平台向报名成功的读者发送提醒，告知活动时间、地点及相关注意事项，确保读者按时参与。

无障碍服务预订

根据读者报名情况，提前为有特殊需求的读者准备无障碍服务人员、设施，如手语翻译、无障碍通道、轮椅通道等。

3.1.6 活动物资准备

场地布置和设备测试

提前布置好活动场地，检查投影仪、电脑、麦克风、音箱等设备，确保设备运行正常。

活动资料准备

准备好活动需要的资料和物品，如书籍、活动手册、宣传册、签到表、名牌等，确保分发过程规范、有序。

3.1.7 活动人员培训

对图书馆工作人员和志愿者进行活动流程培训，帮助他们明确各自职责，确保活动执行中各环节的顺畅和高效。

3.2 后期工作

3.2.1 读者反馈收集

问卷调查

活动结束后，邀请参与者填写反馈问卷，了解读者对活动的满意度和改进建议，明确活动的亮点和不足。

线上反馈渠道

在活动宣传群或社交媒体平台收集读者反馈，让参与者可以直接提出建议或进行评价，进一步优化他们的活动体验。

现场访谈

针对重点活动或邀请了嘉宾的活动，可以在现场与读者进行访谈，及时收集反馈，了解他们第一时间的体验和感受。

3.2.2 活动效果评估

数据统计

统计活动的参与人数、读者满意度、书籍借阅量等数据，通过这些指标分析活动成效。

活动总结

整理活动的整体表现，评估活动是否达成预期目标，分析活动的优缺点，进而总结活动的成功经验和不足之处，为后续活动的策划提供参考。

3.2.3 宣传成效分析

评估线上线下宣传的实际效果，如阅读量、分享量、曝光量等，确定宣传渠道的有效性。

3.2.4 活动报告撰写与存档

活动报告撰写

整理活动策划、执行过程、数据分析和活动总结等相关材料，制作完整的活动报告，并将其作为档案资料保存，为未来策划类似活动提供资料支持。

活动图片和视频归档

将活动过程中拍摄的图片和视频整理归档，作为之后宣传、展示的储备素材。

3.2.5 活动影响力宣传

通过线上社交平台或图书馆官网展示活动成果，如活动花絮、参与者反馈、成功案例等，提升活动的社会影响力。

3.2.6 活动改进和优化

总结改进措施

根据读者反馈和活动总结，列出可改进的措施，例如流程优化、资源调整、宣传改进等，为后续活动的优化打下基础。

创新活动形式

尝试在下一次推广活动中加入新的形式，如数字互动、分组讨论、沉浸式体验等，提高活动的新鲜感和吸引力。

保持与读者互动

在活动结束后，持续与读者保持联系，通过社交媒体、读者社群、邮件等渠道向他们分享图书馆其他活动和资讯，引导他们主动参与之后的活动。

3.2.7 资源管理和维护

资源回收与保管

将活动中使用的设备、图书、宣传资料进行回收和分类保管，以备后续活动使用，避免资源浪费。

人员经验积累

将活动过程中工作人员和志愿者的经验记录下来，建立数据库，定期分享他们的成功案例和实践经验，培养活动执行团队的能力。

总的来说，阅读推广活动的前期工作重点在于需求调研、策划准备、宣传推广、报名登记、物资准备,确保活动有条不紊地进行;后期工作则包括读者反馈收集、活动效果评估、总结改进和资源管理等。这些工作能够确保活动的高质量开展和持续优化,提高阅读推广的实际效果和影响力。

4. 组织阅读推广活动如何保障安全

在组织阅读推广活动时,安全保障是确保活动顺利进行的重要前提。以下是保障活动安全的一些主要措施:

4.1 场地安全检查

4.1.1 场地检查与维护

在活动开始前,应对场地进行全面检查,确保无安全隐患。如检查场地的地面是否平整、无障碍通道是否畅通、电线是否安全等。

4.1.2 消防设施检查

确认场地内配备的灭火器、消防通道、应急照明等消防设备齐全且能正常使用,特别是在室内和大型活动场所。

4.1.3 安全标识

在活动现场应设置清晰的安全指示标识,如出口指示、紧急疏散标识、注意台阶标识等,便于参与者在发生紧急情况时快速撤离。

4.2 人员管理与培训

4.2.1 安全培训

对图书馆工作人员和志愿者进行安全培训,培训内容包括应急处理、逃生路径、读者引导、疏散组织等,确保他们在突发情况下可以迅速采取正确的应对措施。

4.2.2 职责分配

明确每位工作人员和志愿者的职责,尤其在大型活动中要指定专人负责安全工作,保证活动参与者的人身和财产安全。

4.2.3 人数控制

根据场地容量和活动性质控制参与人数，避免因人员过于密集而造成的安全隐患。

4.3 应急预案与演练

4.3.1 制定应急预案

针对可能出现的突发情况（如火灾、人员摔伤、拥挤踩踏等），制定详细的应急预案，包括疏散方案、急救步骤和紧急联系人信息。

4.3.2 应急演练

在活动前进行应急演练，确保工作人员和志愿者熟悉应急方案，明确疏散流程和救援任务。

4.3.3 紧急联系人与求助电话

在活动现场公布紧急联系人电话，确保在发生突发情况时读者可以快速求助。

4.4 设备和电力安全

4.4.1 设备安全检查

提前检查音响、投影仪、电脑等设备的连接和线路，确保电线和插头绝缘良好，避免触电或设备短路。

4.4.2 安全用电管理

确保电线远离行人通道，使用电线保护套避免读者被绊倒；不使用超载插座，避免火灾隐患。

4.4.3 设备使用培训

对于操作技术含量较高的设备，确保工作人员经过培训，以免因操作失误导致设备损坏或安全事故。

4.5 防疫措施

4.5.1 场地通风与消毒

确保室内场地通风良好，活动前后进行场地消毒，特别是在人员接触较多的区域（如门把手、桌椅等）。

读者体温检测和健康码查验：在读者进入活动场地前对其进行体温检测，查验健康码，确保参与者的健康状况符合防疫要求。

4.5.2 口罩和消毒用品

提供口罩、消毒洗手液等防疫物资，提醒读者保持社交距离，避免人群过度聚集。

4.6 特殊群体安全保障

4.6.1 无障碍通道和设施

为行动不便的读者提供无障碍通道、专用座位、盲文标识等设施，确保他们可以安全、便利地参与活动。

4.6.2 配备导盲志愿者

为视力障碍人士、老年人等特殊人群安排引导志愿者，向其提供必要的帮助，确保他们在活动期间的安全。

4.6.3 制定儿童保护措施

如果活动面向儿童开放或有儿童参与，应设立儿童专用区或隔离栏，避免儿童因奔跑或拥挤而发生摔伤，并要求活动期间必须有家长或监护人陪同。

4.7 现场秩序与安全管理

4.7.1 分区管理与引导

在活动区域划分不同功能区域（如签到区、主活动区、休息区等），用标识引导读者有序流动，避免人群聚集。

4.7.2 组织现场安保人员

为大型活动配备安保人员或志愿者，安排他们专门负责秩序维护和紧急情况处理，防止发生拥挤、踩踏等事故。

4.7.3 读者登记和人数监控

在活动开始前进行读者登记，记录到场人数，如果使用的是空间有限的场地，应确保场内人数符合安全标准。

4.8 医护与急救支持

4.8.1 急救包准备

在活动现场配备急救包，并在其中放置常用的急救用品（如创可贴、消毒药水、绷带等），以便应对简单的意外伤害。

4.8.2 医护人员配备

对于人数较多的活动，应在就近医疗机构提前联系医护人员承担急救工作，在有需要的情况下提供支持。

4.8.3 救护通道预留

在活动区域预留急救通道，确保急救人员和车辆可以快速到达活动现场，及时展开救援。

4.9 沟通与信息提示

4.9.1 安全须知宣讲

在活动开始前向读者简要宣讲安全须知，包括紧急出口位置、疏散路线和注意事项，增强读者的安全意识。

4.9.2 活动规则告知

在活动开始前告知参与者活动规则，如不大声喧哗、按顺序排队等，避免因行为不当引发安全问题。

为了保障阅读推广活动安全进行，图书馆需要在场地检查、人员培训、应急预案、设备安全、特殊人群保障、秩序管理、医护支持和信息沟通等诸多细节上进行全面的准备和管理。周到的安全保障措施，是读者在阅读推广活动中获得安全、愉快的体验的基础。

七、参考书目

1、《图书馆服务创新与发展研究》，作者：亢丽芸，吉林出版集团股份有限公司，2023 年。

2、《图书馆服务创新案例赏析》，作者：施静华、蔡迎春，国家图书馆出版社，2023 年。

3、《智慧时代公共图书馆阅读推广要素研究》，作者：姜晓曦，朝华出版社，2024 年。

4、《高校智慧图书馆与阅读推广研究》，作者：薛欢雪，吉林出版集团股份有限公司，2023 年。

5、《新媒体时代数字化阅读推广模式研究》，作者：李承阳，吉林出版集团股份有限公司，2023 年。

6、《阅读的学问：阅读及阅读推广的理论与方法》，作者：谢圣国、刘舸，光明日报出版社，2023 年。

7、《阅读推广服务质量管理研究》，作者：张泸月，科学出版社，2023 年。

8、《儿童阅读推广手册》，作者：阿甲，现代教育出版社，2023 年。

9、《阅读力提升：理论与实践》，作者：刘舸，中国社会科学出版社，2022 年。

10、《中学生阅读推广》，作者：费巍，朝华出版社，2022 年。

11、《图书馆读者服务与阅读推广研究》，作者：王金，吉林大学出版社，2021 年。

12、《阅读推广活动的评价指标体系构建及其实证研究》，作者：岳修志，中国社会科学出版社，2021 年。

13、《新环境下公共图书馆的阅读推广》，作者：陈燕琳，吉林人民出版社，2021 年。

14、《中国图书馆学的传承和变革：近现代竞合发展》，作者：龚蛟腾，中国社会科学出版社，2023 年。

15、《中世纪的图书馆》，作者：（美）詹姆斯·韦斯特福尔·汤普逊，翻译：张淑清、郑军，上海三联书店，2023 年。

16、《中国古代图书与图书馆》，作者：王海明、秦俭，现代教育出版社，2023 年。

17、《世界上为什么要有图书馆》，作者：杨素秋，上海译文出版社有限公司，2024 年。

18、《图书馆传播理论与实践》，作者：王韧，海洋出版社，2023 年。

19、《图书馆与终身学习》，作者：首都图书馆，国家图书馆出版社，2023 年。

20、《图书馆，不仅是藏书楼》，作者：吴一舟，海洋出版社，2023 年。

21、《新媒体时代高校图书馆创新服务研究》，作者：田原，中国书籍出版社，2023 年。

22、《两个世界图书馆合作组织知多少》，作者：黄飞燕，海洋出版社，2023 年。

23、《公共图书馆参与文化精准扶贫研究》，作者：严贝妮，中国社会科学出版社，2023 年。

24、《面向数字图书馆的移动视觉搜索机制研究》，作者：朱庆华，科学出版社，2023 年。

25、《图书馆学概论》，作者：金胜勇，科学出版社，2023 年。

26、《图书馆来了："互联网 +"时代数字阅读推广新模式》，作者：王英琼，华中科技大学出版社，2023 年。

27、《中国图书馆学会年会论文集，2022 年卷》，作者：中国图书馆学会，国家图书馆出版社，2023 年。

28、《智能化技术在图书馆服务管理中的应用》，作者：傅少君、刘诗君，吉林科学技术出版社，2023 年。

29、《科技与创新改变世界》，作者：薄智泉、徐亭、张玉臣，清华大学出版社，2024 年。

30、《人脑与人工智能》，作者：高建群、田莉，山海科学技术出版社，2024 年。

31、《人机共舞：AIGC 时代的工作变革》，作者：（美）大卫·施赖尔（David Shrier），翻译：姜振东、王天羽，中国科学技术出版社，2024 年。

32、《科技之巅：20 周年珍藏版：全球突破性技术创新与未来趋势》，作者：Deep Tech 深科技，人民邮电出版社，2023 年。

33、《真人图书馆与阅读推广》，作者：毕洪秋、王政，朝华出版社，2020 年。